JN440417

만년, 노랑무궁화

만년,
노랑무궁화

함창석 에세이집

열린출판사

목 차

제1부 생활 여정 속에서

제2부 자연환경의 세계

제3부 역사를 살펴보며

제4부 제자가 되는 신앙

저자 서문

수필은 형식의 제약을 받지 않고 붓 가는 대로 쓴 글을 일컫는 말이다. 개인의 체험이나 경험, 사색, 감상을 적는 글이다. 일상생활 속에서 얻은 생각과 느낌을 형식에 얽매이지 않고 자유롭게 쓴 글이다. 한 개인이 쓰는 일기나 기행문, 감상문 등도 모두 수필로 볼 수 있으며 사회적 · 논리적 · 철학적 성격을 가진 소평론도 수필에 속한다. 글쓴이의 경험이나 감정을 솔직하게 고백하듯이 쓴 글이기에 글쓴이의 개성이 잘 드러난다.

이 같은 수필의 특징을 알고 살아오며 정년퇴직 후 인생의 후반부에 적극적으로 글을 쓰게 되면서 시집 「꽃 진자리 꽃 피고」를 출간한 후 그 동안 모아 놓은 수필 같은 글을 모아 책으로 엮게 된다. 구성으로 1부는 생활주변, 취미 등의 이야기이며, 2부는 식물, 동물, 환경 등 자연 관련이고, 3부는 상고, 중세, 현대 등 역사 관련이며, 4부는 여러 가지 체험, 활동 등 신앙 관련의 글이다.

노랑무궁화는 동아시아 특히 한반도 남부지역에 많이 피어나던 여름 꽃이다. 재배지 확대노력으로 식물의 분포도 매우 달라지는 상황이다. 1만년 이 땅의 꽃, 노랑무궁화도 분포지역이 북상을 하는 이 시대에 이 글을 읽는 독자들에게 작은 공감이라도 있기를 바라면서 2021년 부활 절기를 기념하며 출간하게 되었다.

하늘 문이 활짝 열리고 스물두 살인 친어머니 뱃속에서 나오니 서로 죽이고 죽이는 싸움이 멈추는 때이었다. 강이 흐르는 언덕에 초가이었다. 가족이라고 둘러앉아 축하의 눈빛이었고 도와주는 이들은 산골사람들이었다. 아버지라 불리는 분은 면단위 공무원이며 할머니라 불리는 분은 과부이었다. 사십대 초에 병사한 할아버지를 이야기하고 서당에 다니도록 재촉을 하며 우선해 챙기는 가문 복고 운동주의자 같았다. 문중 큰 비석을 가리키며 늘 중얼거렸다.

양자문제로 집안 다툼 와중에 과욕자의 막강한 영향력에 의하여 한양으로 유학 아닌 유학을 가게 되었다. 주거불안정 속에 청소년 시절을 보내고 다시 춘천으로 학업유랑 길을 떠나게 되었다. 농장에서 근로 장학생으로 기거하다 졸업을 한 후에 교원으로 발령을 받았고 한 달 일을 하면 녹을 받아들고 가족이라는 이들과 먹고 살기 위해 나누었다.

이십대 초에 물끄러미 산을 바라보다 다시 돌아갈 하늘고향이 생각나 성서라는 경전을 읽어가며 찬송을 통해 하나님의 세계를 그리게 되었다. 어쩌다 처자를 만나 결혼을 하고 아들딸 낳고 바쁘게 이리저리 옮겨 다녔으며 내게 주어진 과제를 해결하고 여기저기 참여하며 근로정년을 하였다. 사십여 년을 무사히 지난 공으로 황조훈장을 국가가 내리기도 하였다. 난관이 없지는 않았으나 잘 헤쳐 나온 후 기독교문학트랙으로 인생 마무리 길에 있다.

시집「꽃 진자리 꽃 피고」출간 이후 배움의 길은 멈추지 않아 글을 써가며 작은 행복감을 느끼곤 한다. 이 땅에서 삶이 희년이라는 나이에 자주는 아니지만 가족이라는 이름아래 아들, 며느리, 딸, 사위, 손자손녀들 그리고 구순이 넘은 어머니와 만찬도 갖는다. 희생적인 내조를 아직도 하는 아내와 아들 같은 손자와 더불어 사는 날이지만 몽골 날래흐산돌교회를 선교하며 장로 은퇴를 앞두고 있는 터에 돌아갈 내 고향 아브라함의 품이 그리워진다.

우리 가족이라는 자손들을 포함하여 오천년 이상 긴 역사를 간직해온 배달겨레와 이 땅의 생명들이 모두 평화롭고 자유로우며 행복한 미래를 바라 두 손을 모으고 하나님 앞에 선다.

끝으로 부족한 글을 지도해 주신 김윤환 교수님께 감사드리며 아내를 비롯한 사랑하는 가족들과 편집, 출판을 위해 수고해주신 모든 분들께 고맙습니다.

2021년 부활절을 기다리며

원주 봉산에서 함창석

1부 생활 여정 속에서

인생은 기도이다

세월 속에 벌써 70대에 접어든다. 기도는 바람(희망), 시도(일을 시작하다). 작업(구체적인 노동) 등으로 살아가는 인생 자체가 기도일 것이다. 예전 같으면 고래희라 하여 70수를 하는 것이 쉬운 것은 아니었지만 요즘은 경로당에 가도 막내로 물주전자나 들고 다녀야 할 정도로 어린 나이라고들 한다.

출생년도가 짝수라서 2020년 짝수 해인 올해는 12월에 건강보험공단에서 통지된 안내대로 혁신내과에서 위내시경과 몇 가지 검사를 하였다. 건강진단결과가 큰 변화 없이 정상으로 나오고 있으니 다행이다. 아마도 관리만 적절하게 한다면 평균수명 정도는 넘길 수 있지 않을까. 조심스레 예측 해본다.

그래도 전문의로 직업을 수행하고 있는 아들이 처방해준 대로 뇌 영양제를 복용하고 있고 부정맥이 경계선이라 원주혁신도시 동네 병원 초등학교 때 제자인 유원장이 처방해준 대로 아스피린을 한 알 아침에 비타민과 함께 먹고 있다. 노인성으로 올 수 있다는 뇌졸중 예방을 해야 한다고 늘 강조 한다.

울기도, 웃기도 0 – 12.0세

뱃속에서 머물다가 더 이상 견딜 수 없어 생명은 밖으로 내몰리듯이 태어나는 것이다. 공기와의 만남으로 '악' 소리를 내지만 듣는 이에 따라서는 이제 인생살이가 힘이 들어지기에 외치는 소리라고도 하나 아마도 자궁 속과 세상이 다른 환경이기에 그저 나오는 크게 들려지는 숨소리라고나 할까?

엄마와 교신을 하는 수단인 울음, 그 소리에 따라 엄마가 반응을 하며 젖먹이, 기저귀 갈아주기, 아픔을 감지하며 이 세상을 살아가게 되는 것이다. 일종의 생존전략이 울기도일 것이다. 그러나 만족이 오면 웃음을 띠면서 주위 사람들에게 기쁨과 안도를 가져다주며 자라가게 되는 것이 어린 때이다.

이 시기에는 울기도, 웃기도 되풀이를 하면서 유아기, 소년기를 보내게 되며 자연환경과 사회적 인간관계를 형성하며 가정이라는 공동체 속에 잘 적응을 하며 학교공동체 등으로 삶의 영역을 확대해가게 되는 것이 일반이며 특수하게는 종교단체를 비롯하여 여러 단체 활동을 하게 되기도 하는 것이다.

살기도, 하기도 12 – 35.0세

점차 보호자로부터 독립적으로 자유로워지며 14세 이후에는 자기관리를 시작하게 된다. 법률적으로도 일정부분 책임이 뒤따르게 되고 남녀 모두가 성징이 확실하게 나타나는 시기를 보내게 되며 배움의 시기인 청소년, 청년시절을 보내게 되고 자기 진로를 결정짓게 되어 직업을 선택하게 되는 것이다.

어느 정도 직업이 안정이 되면 결혼을 하게 되고 가정을 이루며 자녀가 태어나게 되어 양육의 문제가 현실로 다가오며 새로운 변화에 적응을 하게 되는 시기가 된다. 인생 중 직업에 정년이 최고로 70세라고 보면 절반을 달려온 셈이며 인생의 또 다른 절반을 준비하며 분주하게 살아가야 할 시기다.

결혼이나 직장 등으로 인하여 인간관계가 훨씬 더 복잡해지고 권리도 있지만 의무가 더 주워지는 시기이기도 하다. 인생전환기에서 잘 적응을 한다면 보람이 있게 되고 살맛, 살 멋이 한층 높아지며 행복감이 넘치게 된다. 자기만의 가정 속에서 당당하게 공동체사회의 일원으로 우뚝 서게 되는 것이다.

뛰기도, 걷기도 35 – 70.0세

가정에서나 직장, 그 밖의 단체 활동에서 서로 협조도 하지만 상호간에 선의 경쟁을 하게도 되기 때문에 다른 사람보다도 더 뛰어야 하고 땀을 흘리며 일을 하게 되는 시기이다. 건강을 바탕으로 열정을 갖고 그 동안 쌓아온 정보나 지식을 바탕으로 독창적인 작업을 계속하게 되는 시기인 것이다. 자녀들이 양육단계를 넘어서며 학교교육을 뒷받침 해주어야 하고 자기가 맡은 직업에서 승진이나 도약을 위하여 심혈을 기울여야 하는 시기기에 자칫하다가는 건강을 잃을 수도 있는 상황이 발생하여 마음고생, 몸 고생이 발생하기도 한다. 때로는 하던 일들이 실패를 하며 좌절을 맞기도 하는 시기다.

이 단계에 각 분야에서 전반부를 성공적으로 보낸다면 후반부는 중책을 맡아 능력이 배가 되는 경우로 성공적으로 수행을 한다면 명예도 따라오게 되고 인생의 보람을 한층 더 느낄 수 있게도 된다. 그러나 성공적이지 못하며 불명예도 오게 되고 실패를 할 경우는 매우 힘들어지는 상황도 발생한다.

가기도, 죽기도 70 - 99.0세

대부분의 영역에서는 70세가 넘으면 정년이 된다. 물론 전문직이나 특수한 경우는 정년이라는 것이 적용이 안 될 수는 있겠으나 생체리듬 속에 70세는 대다수가 겪는 한계가 아닐까 한다. 지금까지 인생의 전 단계를 성공적으로 마친 사람은 연금혜택 등을 통하여 즐거움, 보람, 알참이 있지만 말이다. 그러나 온전하지 못하게 단계마다 걸어온 사람에게는 인생의 말년이 그리 행복하지는 못할 것으로 여겨진다. 자녀문제, 건강문제, 경제문제 등 모두가 행복한 생활을 저해하는 요인이 되어 그리 즐겁지도 아니한 인생의 마지막 단계를 보내게 되는 것은 아닐까. 건강까지 뒷받침이 아니 된다면 말이다.

100세 시대라고 하여 건강을 챙기는 사람들이 늘어나고 있지만 요양시설에 가보면 누워서 인생 말년을 보내는 사람들도 부지기수이다. 주변 다수는 운명을 달리 하였다고 부고를 받게 된다. 인생의 마지막 단계에서는 걸어가기도 잘 할 수 있으면 좋겠고 몇 주 앓다가 소천 하는 것이 잘 죽는 것이리라.

결혼축하 메시지

두 분의 결혼을 진심으로 축하합니다.
결혼의 성경적 진정한 축복은 무엇일까요?
결혼을 생각해봅니다.

'바다에 나갈 때는 일주일을 기도하고,
전쟁터에 나갈 때는 한 달을 기도하며,
결혼에 대해서는 평생을 기도해야 한다.'
라는 영국 속담이 있습니다.
결혼은 신체적인 만남으로 자녀를 생산할 수 있습니다.
결혼은 공동체들이 인정하는 합법적인 가정제도입니다.
결혼은 기독교적인 예배에 참여할 때 신성한 것입니다.
결혼은 하나님 앞에 서고 눕는 것입니다.
결혼은 하나님 앞에 살고 죽는 것입니다.

두 분의 결혼이 행복했으면 좋겠습니다.
오늘은 결혼하는 신랑과 신부에게 가장 기쁜 날,
오늘은 축하하러 오시는 분들이 행복한 날,
오늘은 주례를 하는 목사님이

진정으로 축복할 수 있는 결혼,
무엇보다 하나님이 두 분의 결혼을 보시면서
'보시기에 좋았더라. 보시기에 참 좋았더라.' 라고

예수님께서 '사람을 지으신 이가 본래 그들을 남자와 여자로 지으시고 사람이 그 부모를 떠나서 아내에게 합하여 그 둘이 한 몸이 될지니라. 그런즉 이제 둘이 아닌 한 몸이므로 하나님이 짝지어 주신 것을 사람이 나누지 못할지니라.' 고 말씀하십니다.(마 19:4-6)

이 장로가 분명하게 확신할 수 있는 것은 하나님이 기뻐하시는 결혼으로 출발하는 가정을 하나님께서 반드시 축복해주시리라는 확신입니다. 날래흐 산돌교회를 사랑하는 예수 그리스도의 제자 산돌 함창석 장로 올립니다. 고맙습니다. 축하합니다. 축복합니다.

2014년 8월 몽골을 방문하게 되었다. 울란바토르에서 10시간 이상 자동차로 가야 하는 아르바르헤르에 봉산교회가 후원하는〈영원한 구원의 별교회〉가 있다. 2002년도에는 예배당 건축을 지원도 하였다. 김여일 선교사는 아들이 단기선교로 전기공사에 참여하였다가 감전으로 순교하게 되었다.

김여일 선교사가 자원은퇴를 하고 몽골선교를 하게 된 동기라고 한다. 당시는 선교초창기라 무척이나 어려웠다고 간증을 하곤 하였다. 훗날 몽골감리교신학교를 맡아 학장으로 수고하며 이 소자를 몽골로 초청하는 형식으로 선교여행을 하게 된 것이었다.

당시 5박 6일간 선교여행을 하면서 후원금을 약정하였는데 진행이 잘 되어 현재 날래흐 산돌교회 예배당 부지를 구입하고 건축을 하며 선교를 하게 되었다.

지금 담임자로 있는 보잉히식 목사가 당시 몽골리안 트리니티 바이블 칼리지(MTBC)를 졸업하고 전도사로 파송을 받으며 현재까지 목회를 하고 있다. 울란바토르 종아일교회 백낙현, 윤향숙 선교사와 같이 신앙생활을 하며 목회자의 길을 가게 되었다고 한다. 시흥북지방 신천교회에서 개척한 종아일교회는 몽골인 '민드바이르' 장로가 섬긴다고 한다. 백낙현 선교사는 신천교회에서 몽골에 파송한 목사다. 보잉히식 목사가 2020년 10월 21일 백낙현 선교사 주례로 결혼을 하게 되어 영상으로 축하 메시지를 보냈다. 미국 선교후원 회의에 참여하였다가 코로나 19로 한국에 발이 묶인 백선교사 내외는 9월 30일 특별기편으로 몽골에 입국하여 3주간 격리된 후 주례를 서게 된 것이다.

손자들과 수목원

10월 9일은 한글날이다. 한글날에 맞추어 개장을 하는지 원주동화지역에 있는 수목원이 개장을 하였다. 원주지역 어린이들과 학부모들을 위한 공간이며 프로그램을 운영하고 있다.

개장 후 통영에서 사위 딸이 원주로 이주하는 바람에 찾으신 안사돈을 모시고 손자 손녀아내와 동화마을 수목원을 찾았다. 수목원에는 잔디 운동장과 교육공간이 있다. 산을 중심으로 각종 식물들이 배치되어 가을에 꽃을 피웠다. 교육건물 벽면에는 시화도 걸려 있다.

계곡에서 흐르는 물을 활용하여 작은 분수와 물레방아 그리고 고기떼가 숨 쉬는 연못이 있다. 인공벽면 위아래로 인공폭포수가 흘러내린다. 화단마다 꽃들이 군집하여 있고 설명을 해주는 글자판이 세워져 있다. 산으로 오르는 길에는 자자나무 숲길이 있다. 나무마다 시를 적은 말이나 좋은 말들이 그림과 함께 걸려 있다. 7살인 손자는 한글을 알고 있어 읽어보며 좋아한다. 뜻이 잘 이해가 안 될 때는 물어보기도 한다. 대견스럽다.

잔디 운동장에서 손자 손녀와 달리기 시합도 하였다. 손자 손녀는 할아버지와 달리기 시합을 하자고 자신들 있게 말하였다. 조손이 어울리는 달리기가 시작되었다. 아내가 심판을 보기로 하고 외할머니는 결승점이 되어 주셨다. 두 번은 손자가 1등, 손녀가 2등, 할아버지는 3등을 하였다. 나는 손자 손녀에게 한 번 더 하자고 하니 좋다고 하였다. 물론 얼굴이 빨게 진 두 손자 손녀였지만 말이다. 나는 물 한 모금 먹고 해야 하겠다고 하니 그렇게 하자고 하였다. 자신이 만만한 표정들이 할아버지가 보기에는 너무 뿌듯하였다.

세 번째 달리기 시합에 되자 나는 중간쯤에서 앞서는 작전을 구상하고 달렸다. 예상대로 앞섰으나 외할머니는 이동을 하시며 나는 한참을 돌아와야 하였다. 겨우 셋이서 동시에 도착을 하게 되어 심판인 아내는 무승부를 선언하였다. 손자 손녀들의 표정은 허무한 듯이 다시 하자고 하였으나 나는 할아버지가 너무 힘이 든다고 하며 다음에 다시 한 번 더 하자고 하니 그러자고 손자 손녀들은 대답을 한다. 얼굴이 빨개진 손자 손녀를 보면서 무리는 웃었다.

나는 집으로 돌아오는 길에 오늘 동화마을수목원 체험들이 신이 났다. 그리고 그 밤은 잠도 잘 노기에 행복한 아침이었다. 아침 밥맛도 다른 때보다 좋았다고 아내는 웃었다.

오늘 그때 하였던 달리기 약속을 지키기 위해 며느리와 손자 손녀 그리고 아내와 다시 찾았는데 꽃들은 모두 져가고 있다. 잔디 운동장에는 낙엽이 날아들어 두 분 관리인이 바람청소기로 낙엽을 날려버리고 있다. 전면 무대에는 11월 14일 무슨 행사를 하려는지 장치들을 하고 있다. 그래서 먼저 구경을 하고 내려와서 하자고 하였다.

한 번 왔었기에 손자 손녀는 더 좋아하였다. 그런데 먼저 번과 다른 모습을 아는지 물이 안 나온다고 하며 손자는 여기저기 다니며 한 소리를 한다. 여기저기 겨울을 준비하며 내년을 대비하는 공사를 하고 있다. 기계소리가 요란하다. 그래도 걸어두었던 분재하우스를 볼 수 있었다. 손자는 벌레들이 없다고 한소리 한다. 할머니는 벌레들이 겨울잠을 자기 위해 모두 자기 집으로 들어갔다고 하니 고개를 끄덕인다.

식물원에 세워진 포토 판에 얼굴을 내밀고 사진도 여러 장 찍었다. 바닥이 먼저보다 좀 미끄러워 엄마는 무척이나 신경을 쓰며 아이들을 챙긴다. 우리는 잔디운동장으로 돌아오니 깨끗하게 정리가 끝났다. 달리기는 시작되었다. 손자는 10바퀴나 하자고 자신을 하였다. 셋이 달리기 시합은 여러 경우를 남기며 흥미진진하게 진행이 되었다. 방향감각이 부족한 손녀는 언제나 1등을 하였고 손자는 2등 할아버지는 3등을 하였다.

할머니도 하자고 하여 넷이서 달리는 순간순간마다 나는 행복감을 느꼈다. 물 한 모금 먹고 즐기는 오늘의 이 시간 운동은 보약이 되는 것 같았다. 손자 손녀들이 주는 에너지가 내게로 전이되며 한 10년을 더 살 수 있으라. 손자가 할아버지 자기가 대학에 갈 때까지 사시라고 소원 아닌 소원을 말해주니 행복이 배가 되어 산을 내려온다.

손녀는 다리가 아프다 하니 할머니는 업어준다고 하였고 며느리는 할머니가 힘이 든다고 말리었지만 할머닌 흔쾌히 업어주며 산을 내려오는 동안 나는 먼저 내려오며 나무 뒤에 숨고 놀래주기도 하였다. 주차장에 들어와 차를 타고 돌아오는 길은 어찌나 날 것 같던지

집으로 돌아오는 길 며느리와 아이들을 이 편한 세상 아파트 앞에 내

려주고 이마트에 들려 내일 토요일 손자 손녀들과 3시간을 놀아줄 자료를 구입하는 아내는 고맙기도 하다. 아내는 손자 손녀들을 위해 이것저것 준비하며 38년 교사로서 살았던 습관을 잊지 못하는 것 같다. 때로는 안쓰럽기도 하지만 행복감을 느끼는 듯 요즘 얼굴표정이 좋다.

이마트에 들린 겸하여 아내는 먹거리 준비도 많이 하였다. 집으로 돌아와 저녁식사는 초밥, 순대, 오뎅 국물로 엄청나다. 배가 터질 듯이 먹는다. 7시가 되자 오늘 너무 피곤하였는지 침대에 누워있다 잠이 들었다. 깨어보니 밤 12시가 넘었으나 이 글을 쓰면서 이 세상이 주지 못하는 평화스러움에 젖었다.

하나님 아버지 은혜에 감사한다.

인공지능 AI

인공지능(人工知能, 영어: artificial Intelligence, AI)은 인간의 학습능력, 추론능력, 지각능력, 자연언어의 이해능력 등을 컴퓨터 프로그램으로 실현한 기술이다. 하나의 인프라 기술이기도 하다. 인간을 포함한 동물이 갖고 있는 지능 즉, natural intelligence와는 다른 개념이다.

지능을 갖고 있는 기능을 갖춘 컴퓨터 시스템이며, 인간의 지능을 기계 등에 인공적으로 시연(구현)한 것이다. 일반적으로 범용 컴퓨터에 적용한다고 가정한다. 이 용어는 또한 그와 같은 지능을 만들 수 있는 방법론이나 실현 가능성 등을 연구하는 과학 분야를 지칭하기도 한다.

상당수 인공지능 연구의 (본래) 목적은 심리학에 대한 실험적인 접근이었고, 언어 지능(linguistic intelligence)이 무엇인지를 밝혀내는 것이 주목표였다(튜링 테스트가 대표적인 예이다). 언어 지능을 제외한 인공지능에 대한 시도들은 로보틱스와 집합적 지식을 포함한다.

이들은 환경에 대한 처리, 의사 결정을 일치시키는 것에 중심을 두며 어떻게 지능적 행동이 구성되는 것인가를 찾을 때, 생물학과, 정치과학으로부터 이끌어 낸다. 사회적 계획성과 인지성의 능력은 떨어지지만 인간과 유사한 유인원을 포함한, 복잡한 인식방법을 가진 동물뿐만 아니라 특히 곤충들(로봇들로 모방하기 쉬운)까지 포함한 동물학으로부터 인공지능 과학은 시작된다.

여러 가지 생명체들의 모든 논리구조를 가져온 다는 것은 이론적으로는 가능하지만 수치화, 기계화 한다는 것은 쉬운 일이 아니다.

1940년대 후반과 1950년대 초반에 이르러서 수학, 철학, 공학, 경제 등 다양한 영역의 과학자들에게서 인공적인 두뇌의 가능성이 논의되었다. 1956년에 이르러서, 인공지능이 학문 분야로 들어섰다.

생각하는 기계에 대한 초기 연구는 30년대 후기에서부터 50년대 초기의 유행한 아이디어에 영감을 얻은 것이었다. 당시 신경학의 최신 연구는 실제 뇌가 뉴런으로 이루어진 전기적인 네트워크라고 보았다.

위너가 인공두뇌학을 전기적 네트워크의 제어와 안정화로 묘사했으며, 섀넌의 정보 과학은 디지털 신호로 묘사했다. 또 튜링의 계산 이론은 어떤 형태의 계산도 디지털로 나타낼 수 있음을 보였다.

이런 여러 밀접한 연관에서, 인공두뇌의 전자적 구축에 대한 아이디어가 나온 것이다. 월터의 거북이 로봇이 이 아이디어를 중요하게 포함한 연구의 예이다. 이 기계는 컴퓨터를 사용하지 않고 아날로그 회로를 이용했지만, 디지털의 전자적, 상징적 추리를 보여주기엔 충분했다.

월터 피츠(Walter Pitts)와 워런 매컬러(Warren Sturgis McCulloch)는 인공 신경망에 기인한 네트워크를 분석하고 그들이 어떻게 간단한 논리적 기능을 하는지 보여주었다. 그들은 후에 신경 네트워크라 부르는 기술을 첫 번째로 연구한 사람이다.

피츠와 매컬러는 24살의 대학원생인 젊은 마빈 민스키를 만났고, 민스키는 1951년 첫 번째 신경 네트워크 기계인 SNARC를 구축했다. 민스키는 향후 50년 동안 인공지능의 가장 중요한 지도적, 혁신적 인물 중 하나가 되었다.

지금보다 반세기는 더 오래된 AI의 분야는 마침내 가장 오래된 목표 중 몇 가지를 달성했다. 이것은 비록 뒷받침해주는 역할이었지만 기술 산업에 걸쳐 성공적으로 사용되었다.

몇 가지 성공은 컴퓨터의 성능이 증가했기 때문이고 또 다른 몇 가지는 고립된 문제들에 대해 집중하였고 높은 과학적 의무감으로 해 나갔기 때문에 해결되었다. 적어도 비즈니스 분야에서의 AI의 평판은 여전히 처음 같지 않다.

이 분야 내에서는 1960년대 세계의 상상이던 인간 수준의 지능의 꿈을 실현하는 것이 실패로 돌아갔다는 이유로 몇 가지 합의를 하였다. 하위 파트에서 AI의 일부분을 도와주던 모든 요소들은 특정 문제나 접근 방식에 초점이 맞추어졌다.

그 후, AI는 여태 해왔던 것보다 더욱 신중해졌고 더욱 성공적이었다. 또한 보안이 중요한 이슈로 떠올랐다. 인공지능의 보안이슈로는 학습된 인공지능을 속일 수 있는 공격 형태인 Poisoning Attack, Evasion Attack, 인공지능 모델 자체를 탈취할 수 있는 Model Extraction Attack, 학습된 모델에서 데이터를 추출해내는 Inversion Attack 등이 있다.

1997년 5월 11일, 디프 블루는 당시 세계 체스 챔피언이던 게리 카스파로프를 이긴 최초의 체스 플레이 컴퓨터가 되었다. 2005년 스탠포드의 로봇은 DARPA 그랜드 챌린지에서 연습해 보지 않은 사막 도로 131

마일을 자동으로 운전하여 우승하였다.

2년 뒤, CMU의 한 팀은 DARPA 도시 챌린지에서 모든 교통 법규를 지키고 교통 혼잡 속에서 자동으로 55 마일을 길을 찾았다. 2011년 2월, Jeopardy! 퀴즈 쇼의 시범 경기에서 IBM의 대답하는 시스템 왓슨은 상당히 여유롭게 Brad Rutter 과 Ken Jennings 두 명의 뛰어난 Jeopardy! 챔피언들을 이겼다.

이러한 성공은 혁신적인 새로운 패러다임 때문이 아니라 번거로운 엔지니어 스킬과 매우 뛰어난 성능을 가진 오늘날의 컴퓨터에서 비롯된 것이다. 실제로,Deep Blue의 컴퓨터는 1951년 Christopher가 체스하는 법을 가르친 마크 1보다 1천만 배 빨랐다.

이 엄청난 증가는 무어의 법칙에 의해 측정되는데 이것은 2년마다 컴퓨터의 메모리 속도와 양은 두 배씩 늘어난다는 이론이다. 최초 컴퓨터 성능의 근본적인 문제는 느리지만 서서히 극복되고 있었다.

세계는 이미 4차 산업혁명에 진입했으며 인공지능은 빠르게 인간을 대체해 나갈 것이다. 또, 널리 퍼져 있지 않을 뿐 미래는 이미 와 있으며 인공지능, IoT, 클라우드 컴퓨팅, 빅데이터 등이 융합되면서 4차 산업혁명이 발생하고 있다.

과거 산업혁명이 '기계근육' 을 만드는 과정이었다면 4차 혁명에서는 '기계두뇌' 가 탄생할 것이다. 제1차 산업혁명 발생시, 산업 기계에 의해 일자리를 잃을 것이 두려웠던 노동자들이 러다이트(기계파괴운동)를 일으켰다. 이와 유사하게, 인공 지능에 의한 4차 산업혁명으로, 많은 사람들이 미래에 일자리를 잃을 것을 우려하고 있다.

한 온라인 설문조사에 따르면, 응답자의 70.1%가 미래에 인공지능에 의해 인간의 직업이 줄어들 것이라고 예상했다.

전염 역병 코로나

"여호와께서 네 몸에 염병이 들게 하사 네가 들어가 차지할 땅에서 마침내 너를 멸하실 것이다. 폐병과 열병과 염증과 학질과 한재와 풍재와 썩는 재앙으로 너를 치시리니 이 재앙들이 너를 따라서 너를 진멸하게 할 것이라. 네 머리 위의 하늘은 놋이 되고 네 아래의 땅은 철이 될 것이라."(신 28:21-23)

조선 17세기 재해는 냉해, 가뭄, 수해, 풍해, 충해 등에 전염병과 가축병이 겹치며 역사에 기록될 만한 대재앙으로 인식되었다. 그리하여 불길한 징조는 눈앞에 성큼 다가왔다. 조선 땅 곳곳의 백성들이 재해, 염병, 우역 등 3대 악재에 시달리며 한계 상황으로 내몰리기 시작했다.

원인도 모른 채 느닷없이 찾아온 전염병에게 사람들은 순식간에 온 마을을 빼앗겼다. 철새가 날아오는 겨울철이 되면서 전염병은 더욱 기승을 부렸다. 보통 경우는 겨울에 잠복했다가 춘궁기와 겹치는 봄여름에 유행했다. 그런데 이번 경우는 예상을 깨고 겨울에 더 극성을 부렸다.

죽음의 병은 바다 건너 제주도까지 침범했다. 그 결과 병에 걸린 사람이 도마다 수천 명에 이르렀다. 봄철 석 달 동안 전국에서 무려 1만 1천 4백 명 이상이 감염되면서 사망자도 속출했다. 전염병이 천변지이와 자연재해로 시달리는 조선 사회의 또 다른 위협 요소로 떠올랐다.

겨울에 잠복하였다가 춘궁기와 겹치는 봄여름에 유행했는데 이번 경우는 예상을 깨고 겨울에 더 극성을 부렸다. 그리고 보통의 경우는 북쪽 지방에서 시작하여 큰 피해를 내며 남하하는 루트를 탔는데 이번 경우는 남쪽 지방에서 시작하여 엄청난 피해를 내며 북상하는 루트를 탔다.

전염병이 발생한 집이나 마을을 알리어 사람들이 그곳에 접근하지 않도록 차단해야 한다. 이 때 감염된 집이나 마을의 입구를 소나무 가지로 막아 사람의 출입을 통제하거나, 지붕에 가시나무를 올려 모든 사람이 전염병 환자의 집이라는 사실을 알도록 하는 방법이 오직 취해졌다.

전염병에 걸려 죽은 자를 얼른 땅 속에 묻어 병균이 확산되는 것을 막아야 하고, 마을에서 멀리 떨어진 곳에 병막, 피막, 산막이라 하는 오두막을 지어 환자를 격리 · 수용하고, 감염자의 옷가지 등을 태우는 일도 해야 한다. 이 오두막의 장면을 하멜은 다음과 같이 기록으로 남겼다.

전염병에 걸린 환자는 당장 마을 밖 들판의 작은 초막으로 데려가 거기서 살게 한다. 간호하는 사람 외에는 아무도 그 환자에게 접근하지 않는다. 그 근방을 지나가는 사람은 그 환자의 앞쪽에 있는 땅에 침을 뱉는다. 간호해 줄 친구가 없는 환자는 그대로 내버려진 채 죽게 된다.

하루라도 빨리 전염병 환자를 치유하여 소생시키려고 정부 관청관리는 도성과 지방에 의관과 의녀, 그리고 의서와 약재를 보내어 병든 자를 치료하도록 했다. 감영 소재지에 있는 심약이라는 의관에게도 치료에 만전을 기하라고 주문했다. 구미강활탕이라는 약제를 복용하도록 권했다.

활인서에 막사가 즐비하게 늘어서 있지만, 수용 능력은 1천 명 정도에 불과했다. 눈덩이처럼 불어나 수천 명에 이르는 환자들을 두 활인서에서 100% 수용할 수 없는 형편이었다. 심지어 창덕궁의 근처 민가와 담장 너머 경비 초소까지 번졌다. 궁궐까지 엄습한 전염병으로 난리였다.

서울에는 내의원, 전의감, 혜민서 등의 의료 기관이 있었다. 전의감은 의약 행정과 의학교육을 맡는 기관이고, 혜민서는 공무 의료와 함께 대민 의료를 맡는 기관이다. 도성 안의 전염병 환자를 전문적으로 치료하는 활인서가 동소문 밖 연희방과 남대문 밖 용산강 등 두 곳에 있었다. 서울에서 발생한 전염병 환자는 이 활인서에 수용되어 구호를 받았다. 활인서는 공조, 진휼청, 의국으로부터 환자를 수용할 움막용 천막자리, 급식용 식량간장소금, 치료용 의사약재를 지원받았다. 남녀노소와 빈부귀천을 가리지 않고 수용했다. 어린이와 부녀자들을 의녀가 돌보았다.

당시 방역과 치료가 원천적으로 불가능한 상황에서 감염 지대에서 멀리 도망쳐 나오는 방법 외에는 특별한 대책이 없었다. 병원균은 냉기가 있거나 냉수가 흐르는 차가운 곳에서 활동할 수 없다. 인적이 드물어 감염되지 않은 깊은 산속은 피역 생활을 하는 데에 아주 좋은 곳이다. 아무리 자연 재해라 하나 마을사람들은 동네 어귀에 있는 장승에 기도를 하며 전염병이 물러가기를 기원했다. 또 대문 앞에 새끼로 만든 금줄을 쳐놓고 전염병이 하루 빨리 사라지기를 빌었다. 처용의 그림을 대문에 붙이고, 부적을 몸에 간직하고, 무당을 불러 굿판을 벌리기도 했다.

여제란 전염병을 몰고 온 나쁜 귀신을 물러나게 하려고 하늘에 올리는 제사이다. 읍내에 나라와 고을의 안녕을 비는 문묘, 여단, 성황단, 사직단 등 1묘 3단의 제단이 있다. 그 가운데 여단은 대부분 읍내의 북쪽에 있는데, 북쪽은 음양에서 음 즉 귀신이 사는 곳이기 때문이었다.

이후 조선 정부는 빈발하는 역병에 대처하려 동의보감 같은 거질의 의서보다는 간단히 요약하거나 혹은 온역이나 두창 등 전문 분야만을 더욱 특화시켜 정리한 의서들을 대거 발간했다. 그런가 하면 기근과 전염병을 함께 다룬 산림경제가 생활백과전서로 간행되어 널리 유포되었다. 21세기에 동남아시아를 비롯하여 전 세계가 이상기후로 인한 막대한 피해가 속출되고 있다. 거기에다 코로나 바이러스로 인하여 지구촌 나라마다 아주 심한 몸살을 앓고 있다. 모두가 지구한경을 파괴하여 온난화현상으로 인한 재앙을 인류에게 내리는 수준이 되어가고 있는 것이다.

방역 당국이 신경을 곤두세우고 있지만 국민들의 협조가 없으면 아무런 효과를 발휘하지 못한다. 코로나의 초기와는 다르게 바이러스 변종도 많고 바이러스도 더 강력해졌기 때문에 만약 또다시 대 유행을 하게 되면 지난 번 보다 훨씬 오래 동안 지속될 것이라며 우려하고 있다.

그러므로 모든 사람들이 바이러스에 감염되지 않도록 선제적인 대응이 필요하고 개개인의 방역 수칙을 지키는 것이 정말 중요하게 되었다. 다중 집합 시설을 중심으로 수도권 서울과 경기 인천지역에서 크고 작은 감염이 확산되면서 전국의 지역 사회에도 감염자가 속출하고 있다.

바울은 "내가 참말을 함이나 누가 나를 보는 바와 내게 듣는 바에 지나치게 생각할까 두려워하여 그만두노라. 여러 계시를 받은 것이 지극히 크므로 너무 자만하지 않게 하시려고 내 육체에 가시 곧 사탄의 사자를 주셨으니 이는 나를 쳐서 너무 자만하지 않게 하려 하심이라."(고후 12:6-7)하였다.

성경의 기록을 통하여 예배를 생명처럼 가치 있는 것으로 믿는 그리스도인들은 철저한 예방수칙을 지키는 속에 예배모임을 가져야 할 것이다. 코로나 감염전파는 생명을 위협하는 단초가 된다. 지금은 모이는 교회와 흩어지는 교회 속에 하나님의 자비를 구하게 되는 상황이 되었다.

고래도 춤추는 칭찬

稱(칭)자는 禾(벼 화)자와 爯(들 칭)자가 결합한 모습이다. '禾(화 벼)의 수효를 소리 내어 세다.' 의 뜻이다. 爯자는 한 손에 물고기를 들고 있는 모습을 그린 것으로 '무게를 달다.' 나 '저울질하다' 라는 뜻이 있다. 그래서 갑골문에서는 禾자가 없는 爯자가 이미지 '저울질하다' 라는 뜻으로 쓰였었다. 소전에서는 여기에 禾자가 더해지면서 곡식의 무게를 잰다는 뜻의 稱자가 만들어졌다. 후에 무게를 달아 가격을 제시한다는 뜻이 파생되며 일컫다, 부르다, 저울질하다, 드러내다, 걸맞다, 알맞다, 훌륭하다 등의 뜻이 되었다.

讚자는 言(말씀 언)자와 贊(도울 찬)자가 결합한 모습이다. 先자는 발을 내밀어 앞으로 나아가고 있는 사람을 그린 것이다. 여기에 재물을 뜻하는 貝(조개 패)자가 결합한 贊자는 선물(貝)을 들고 서로 앞 다투어 걸어가고 있는 모습을 표현한 것이다. 이렇게 선물을 들고 높은 분을 찾아뵙는 모습으로 그려진 贊자에 言자가 결합한 讚자는 높은 분을 찾아뵈며 공덕을 칭송한다는 뜻으로 만들어졌다. 남의 아름다울 행적을 기리는 글의 한 가지, 관례 때에 빈을 도와주는 손의 한 사람. 기리다, 돕다, 고하다, 밝다,

음악이 찬양 즉 보이지 않는 光을 높이고 동적이며 시간적인 예술이라면 미술은 찬송 즉 보이는 色을 높이고 정적이며 공간적인 예술이다. 문

학은 찬미 즉 내면적인 시공간의 아름다움을 글로 나타낸다. 성도들이 하나님을 찬양, 찬송, 찬미하는 것은 본인이 심정적으로 춤을 추는 것은 아닐까?

"그들이 땅에서 왕 노릇 하리로다 하더라. 내가 보고 들으매 보좌와 생물들과 장로들을 둘러 선 많은 천사의 음성이 있으니 그 수가 만 만 천 천이라. 큰 음성으로 죽임을 당하신 어린 양은 능력과 부와 지혜와 힘과 존귀와 영광과 찬송을 받으시기에 합당하다하더라. 내가 들으니 하늘 위에와 땅 위에와 땅 아래와 바다 위에와 그 가운데 모든 피조물이 이르되 보좌에 앉으신 이와 어린 양에게 찬송과 존귀와 영광과 권능을 세세토록 돌릴지어다하니 네 생물이 아멘 하고 장로들은 엎드려 경배하더라." (계 5:10-14)

讚자는 言(말씀 언)자와 贊(도울 찬)자가 결합한 모습이다. 先자는 발을 내밀어 앞으로 나아가고 있는 사람을 그린 것이다. 여기에 재물을 뜻하는 貝(조개 패)자가 결합한 贊자는 선물(貝)을 들고 서로 앞 다투어 걸어가고 있는 모습을 표현한 것이다. 이렇게 선물을 들고 높은 분을 찾아뵙는 모습으로 그려진 贊자에 言자가 결합한 讚자는 높은 분을 찾아 뵈며 공덕을 칭송한다는 뜻으로 만들어졌다. 남의 아름다울 행적을 기리는 글의 한 가지, 관례 때에 빈을 도와주는 손의 한 사람. 기리다, 돕다, 고하다, 밝다,

揚(양)자는 手(손 수)자와 昜(볕 양)자가 결합한 모습이다. 昜자는 햇

별이 제단을 비추는 모습을 그린 것으로 '별' 이라는 뜻을 갖고 있다. 화살이 과녁의 위를 맞힌 것을 이르던 말이다. 그런데 금문에서는 태양이 제단을 비추는 곳에 두 손을 높이 들고 있는 사람이 이미지다. 제단은 신에게 제물을 바치는 곳이다. 그러니 금문에 그려진 것은 신을 찬양하는 모습을 표현한 것이다. 그래서 '(손을)쳐들다' 나 '칭송하다' 라는 뜻으로 쓰였었지만, 후에 날리다, 하늘을 날다, 바람에 흩날리다, 밝히다 등으로 뜻이 확대되었다.

美자는 大(큰 대)자와 羊(양 양)자가 결합한 모습이다. 갑골문에 나온 美자를 보면 머리에 장식을 한 사람이 이미지다. 양은 상서로움을 상징하기에 美자는 양의 머리를 장식으로 한 사람을 그린 것으로 보기도 한다. 고대에는 제를 지내거나 의식을 치르기 위해 제사장이 머리에 특별한 장식을 했었다. 그래서 머리에 양의 뿔이나 깃털 장식을 한 사람을 그려 '아름답다' 라는 뜻을 갖게 된 것으로 풀이한다. 눈으로 보았을 때의 아름다움. 아름답다, 맛나다, 맛이 좋다, 맛있다, 경사스럽다, 즐기다, 기리다, 좋다 등이다.

頌자는 公(공변될 공)자와 頁(머리 혈)자가 결합한 모습이다. 公자는 물건을 반으로 나눈 모습을 그린 것이지만 여기에서는 '공→송' 으로의 발음역할만을 하고 있다. 본래 사람의 '얼굴' 이나 '용모' 를 뜻하기 위해 만든 글자였다. 頌자에 아직도 '얼굴' 이나 '용모' 라는 뜻이 남아있는 것도 바로 이 때문입니다. 그러나 지금의 頌자는 사람을 찬양한다는 의미에서 '칭송하다' 라는 뜻으로 쓰이고 있다. 기리다, 외우다, 암송하다, 한쪽으로 치우치지 않고 공평하다 등의 뜻이 있다. 그리고 공덕을 기리는 글월로 쓰이었다.

돌고래는 인간과 친숙하게 잘 알려진 동물이다. 고래류 중에서 주둥이가 튀어나온 특징이 있다. 인간이 보기에 마치 웃는 모습을 하고 있어서 돌고래가 항상 즐거울 것이라는 잘못된 오해를 하는 사람들이 많다. 그러나 그들은 외관상 주둥이의 모양이 그렇게 생겨 있을 따름이다. 돌고래는 머릿속 앞부분에 멜론이라는 기관을 지니고 있다. 이 기관을 이용해서 초음파를 발사하며 초음파는 앞의 장애물에 맞고 다시 반사되어 돌아온다. 반사되어 오는 신호를 이용해서 앞의 물체나 먹이가 있는 것을 인지하게 된다. 돌고래는 단독행동을 거의 하지 않으며 무리행동을 한다.

돌고래가 어린이들을 위해 벌이는 쇼에 동원되는 경우가 많다. 조련사는 훈련을 할 때 칭찬을 하며 먹이를 준다고 한다. 고래는 동물 중에 지능이 높은 동물이라 칭찬을 알아듣는가 보다. 아마도 '칭찬은 고래도 춤을 추게 한다.' 는 말이 그래서 나온 것은 아닐 런지 추측을 해본다.

욕망慾望

慾자는 欲(하고자 할 욕)자에 心(마음 심)자가 결합한 모습이다. 계곡에서 흘러나오는 물을 받아 마시는 모습을 표현한 것이다. 그래서 이전에는 欲자가 '욕심' 이라는 뜻으로 쓰였었으나 후에 欲자가 '~하고자 하다' 나 '바라다' 와 같은 '욕망' 을 뜻하게 되면서 여기에 心(마음 심)자를 더한 慾자가 '욕심' 이라는 뜻을 대신하게 되었으나 실제 쓰임에서는 慾자와 欲자를 잘 구분하지 않고 있다. 하지만 엄밀하게 따지자면 慾자는 '욕심' 을 欲자는 '바라다' 라는 뜻으로 구분되어 있다.

望자는 朚(망)과 통자이다. 기지개를 켠 사람 위에 강조한 눈의 모양을 본떠 '멀리 바라보다' 의 뜻을 나타낸다. 또는 (형성문자) 臣(신 내려다보는 일)과 壬(정 사람이 바로 서다→바로 자라는 일)로 이루어진 글자 망(臣＋壬)은 높은 곳에서 훨씬 먼 곳을 바로 바라보는 일, 朚(망)은 달이 해와 멀리 마주 보는 만월 때, 望(망)은 같은 글자이나 발음을 똑똑히 나타내는 亡(망)을 글자의 부분으로 삼은 것이다. 나중에 朚(망)은 만월, 望(망)은 바라보는 일이라고 나누어 생각한다.

望자는 亡(망할 망)자와 月(달 월)자, 壬(천간 임)자가 결합한 모습이다. 그러나 갑골문에서는 人(사람 인)자에 目(눈 목)자만이 이미지다. 이것은 무엇을 바라보는 모습을 표현한 것으로 본래의 의미는 '망보다' 나 '엿보다' 였다. 후에 의미가 확대되면서 '바라다' 나 '기대하다' , '바라보다' 라는 뜻을 갖게 되었다. 글자도 크게 바뀌었는데, 금문에서는 人자가 壬자가 되었고 月자와 亡자가 더해졌다. 여기서 亡자는 발음역할을 하고 있다. 드러나 보이는 사람의 명성, 명예, 겉모양이다.

무엇을 하거나 가지고 싶어 하는 강렬한 바람이다. 성경에서는 주로 비정상적이고 순수하지 못한 동경이나 탐욕을 가리킨다. 개역한글판에서는 '마음', '소욕', '정욕' 으로 묘사하고, 개역개정판에서는 '욕심', '그렇게 하고 싶으나' 등으로도 번역한다. 네페쉬 - '숨', '영혼', '감정이나 행동의 방식', '의지나 태도' 등에서 '욕망' 이라는 개념으로 발전하였다. 에피뒤미아 - '마음을 두다', '바라다' 는 뜻의 '에피뒤메오' 에서 파생. '간절한 열망', '순수하지 못한 정욕' 등을 말한다.

인간, 동물에게 주어진 욕망을 선천적인 것으로 생각하면 원초적 본능이라고 한다. 심리학자 빌헬름 분트나 윌리엄 맥도갈은 식욕 · 성욕 · 군거 · 모방 · 호기심 · 투쟁 · 도피 등을 본능으로 간주하였다. 그리고 칼 마르크스는 식욕을, 지그문트 프로이트는 성욕을, 프리드리히 니체나 알프레트 아들러는 권세욕을 근본으로 하여 자신들의 학설을 만들었다. 현대의 심리학은 개체의 동인을 단순히 선천적인 것으로 보지 않고 환경과의 상호작용으로 생각하여, 기본적 욕구라고 본다.

심리학자 쿠르트 레빈은 진정한 욕구와 준(準)욕구로 구분하였고, 제임스 프레스콧이나 게이츠는 생리적 · 생물적 욕구와 사회적 · 인격적 욕구의 2가지로 크게 구별하였다. 생리적 · 생물적 욕구는 식욕 · 배설욕 · 수면욕 · 활동욕 · 성욕 등이며, 사회적 · 인격적 욕구는 사회적 인정의 욕구, 집단소속의 욕구, 애정의 욕구, 성취의 욕구 등이다. 에이브러햄 매슬로우는 생리적 욕구를 기초로 하여 안전의 욕구, 애정의 욕구, 자존의 욕구, 자아실현의 욕구 등 5가지 욕구를 설명하였다.

프랑스의 정신분석학자 자크 라캉은 욕망 개념을 더욱 정교하게 분석하였는데, 라캉의 욕망(désir)은 프로이트의 용어 '소망(Wunsch)'의 프랑스 번역어에 해당한다. 이는 프로이트의 표준판 번역본에서 'wish'로 번역되어 있다. 라캉은 철학자 바뤼흐 스피노자를 따라서 욕망이 인간의 본질이라고 주장하였는데, 이때 욕망은 의식적 욕망이 아니라 항상 무의식적 욕망에 해당한다. 또한 이 무의식적 욕망은 완벽하게 성적인 것이다. '인간의 욕망은 대타자의 욕망이다.' 라고.

주체는 타인의 관점에서 욕망한다. 즉 나의 욕망의 대상은 다른 누군가가 욕망한 대상이라는 말이기도 하다. 어떤 대상을 욕망하게 만드는 것은 대상에 있는 특질이 아니라 다른 이의 욕망 여부이다. 이때 타인은 욕망의 매개자가 되는 셈인데, 이는 히스테리에서 명백히 나타난다. 히스테리 환자는 타인의 욕망을 지탱하는 자이자 타인의 욕망을 자기 자신의 욕망으로 바꾸는 자이다. 이 가운데 가장 중요한 부분은 욕망이 개인의 차원을 넘어 사회적 구성물이라는 점이다.

청운지사青雲之士

2019년은 회고자서전을 위해 고향을 비롯하여 40개 지역을 순회하였는데, 초등학교 1학년 담임이셨던 나한창 선생님 사시던 집과 원주 남부시장 치악맨션에 이웃해 살았던 동창인 이기형 친구 집 탐방도 있었다. 이씨 집성촌인 지구리에 살아온 이기형 친구는 생각이 바르고, 자녀들도 교육을 잘 시켜 사모님과 더불어 행복해 보여 참 좋았다.

100주년 기념을 준비하는 안흥초교 40회 총무와 통화하던 중 회장과 함재명 동창이 우선 협력으로 부담금 2백만 원을 송금하였다고 하며 이기형 친구가 모교를 사랑하는 마음으로 2천만 원 거금을 총동문회에 후원을 하였다고 하니 자랑스럽고 고마워 치하 드리는 글을 올려본다.

안흥 가천 출생과 안흥초등학교 교정에서 뛰어놀며 공부하였던 추억에 자라서 동창들과 재능기부로 어린이날 선물과 함께 찾았고 경기 광주초등학교 교장으로 정년퇴임하며 고향을 가끔 찾으니, 지난 졸업식에는 「꽃 진자리 꽃 피고」 시집을 졸업생들에 전하며 학교 도서관에도 기증하여 후배들에게도 이 소자 같은 문학을 사랑하고 고향을 사랑하는 시인도 나오길 기대해 보았으니, 비록 코로나 바이러스 19로 인하여 어려움이 많지만 모교 100주년 기념행사가 잘 마무리되어 이 나라에 귀감이 되길 바라며, 모교 100주년 기념사업에 수고하시는 김세영 회장단과 물심양면으로 10여년에 걸쳐 모교를 사랑하시며 기념비적인 삶을 사시는 전 김홍록 총동문회장, 재경 배춘자 대표 등 여러분에게도 고마움을 전하고자 한다.

오늘 7월 2일 오전 11시에 안흥초교 40회 동창 4명이 모교를 찾았다. 1920년 일제강점기 보통학교법령에 의해 학교가 설립되었다. 100주년을 맞은 모교는 코로나로 인하여 모든 행사가 연기되었다. 6월 29일이 개교기념일이지만 동문회에서도 각종 모임이 취소나 연기되고 있다. 하지만 동문회에서 모금한 기금으로 교문에 들어서니 시계탑이 우뚝 서 있다. 시계탑에는 '청운지사, 꿈, 참, 힘' 의 글이 새겨져 있다. 양손을 형상화한 기둥에 시계바늘은 정확하게 11시를 가리키고 있다.

전교생에게 40회 동창들이 준비한 학용품선물세트를 전달하였다. 멀리 인천에서까지 참석한 오영자 동창도 있었고 동창회장을 역임한 함재명 동창도 참여하였다. 학교에서는 어린이회장단이 대표로 나와 받았다. 전교생이 본교 48명, 분교 9명으로 모두 57명이었다. 손선자 교장을 비롯하여 교감, 6학년 담임교사. 행정실 교직원 등 여럿이 참여하여 코로나로 인하여 마스크를 썼으나 잠깐 벗고 기념사진도 촬영을 하였다.

오늘 동창 중에는 조부께서 개교 당시 학교 부지를 기부채납한 분이 계셨다. 총동문회에서는 송덕비를 세우고 있었다. 손자인 이기형 친구도 2천만 원을 100주년 행사에 내놓았다고 하니 집안이 대대로 학교와 교육을 사랑하는 마음이 깊은 것이리라.

본교 전달식을 마치고 덕천분교로 향하여 11시 30분에 도착하였다.

분교에는 9명이 재학하고 있다. 이 소자는 1970년대 말에 이 학교가 본교이었을 때 1년간 근무한 적이 있었다. 예전 추억이 많이 나는 시간이었다. 어린이대표로 6학년 2명이 나와 학용품 선물세트를 전하였다. 현관이기에 마스크를 쓰고 기념사진을 촬영하였다. 이소자의 시집 「꽃 진 자리 꽃 피고」와 가천대학교 문복희 교수의 시집 「나비의 기도」 한 권도 분교도서실에 전달하였다. 이 분교에서 시를 읽고 미래에 시인이 나오기를 바라는 마음으로.

우리는 돌아오는 길에 어려운 시기에도 책임을 맡아 수고하는 김세영 총동문회장이 운영하는 '진소매운탕' 에 들려 어탕칼국수로 점심을 먹고 헤어져 집으로 오는 길은 참 기쁨과 뿌듯함이 넘쳤다. 졸업 100주년을 맞는 해에도 모교를 찾아오기로 친구들과 언약을 하였다. 7월 5일 맥추감사주일을 앞둔 이 주간에 건강을 주셔서 살게 하시는 하나님께 감사한 마음이 들었다.

공주公州 탐방

코로나 정국에 집중호우가 중부지방 철원지역 등을 강타하고 있는 장마기간이다. 아침 비는 오지 않는 날씨라 네비를 공주신관초등학교로 찍고 출발한다. 양안 치로 오르자 아침 산은 어두운 녹색 빛인데 하얀 물안개가 산허리를 감돌고 있다. 약간은 산수화 풍경이라고나 할까 그런대로 상쾌한 아침이다.

제천평택 40번 고속도로에 오르자 남한강과 충주호에서 뿜어 올리는 안개인지 여기 저기 온 동네 산마다 산수화를 하늘신이 그리고 있는지 장관이다. 특히 신니 지역을 지나며 노은 지역 수미산 물안개 풍경은 가히 경탄을 할 만큼 신선한 기쁨을 내게 선사해주고 있다. 수미산은 불교에서는 이상세계로 전해오는 산인데 이곳에도 수미산이 있고 경기도 광주에도 수미산이라는 산명이 있으니, 대소IC에서 중부고속도에 들어서니 달맞이꽃들이 도로 주변으로 많이 피어 있다.

그런데 간밤에 장마로 달맞이를 못하였는지 축 늘어져 있는 분위기다. 혹시 내 마음이 그래서인지, 하하 서청주IC를 나와 청주역으로, 세종특별시 조치원 방향으로 36번 국도에 오로라 공주방향으로 네비가 가리키는 대로 달려간다. 내가 타고 다니는 그랜저는 나는 흑마라고 부른다. 신관초등학교 앞에 다다르니 8시 30분이다. 출발한지 2시간 만에 장장 삼 백리 120km를 달려온 셈이다. 흑마가 자랑스럽다. 잠시 쉬면서 오늘 일정에 대하여 점검하고 우선 서울에서 고속버스로 내려오는 글로벌문학트랙 동료 황에스더 목사를 픽업하기 위해 공주종합버스터미널로 가기로 한다. 8시 55분에 선물을 간단하게 준비하고 새 소망 우리교회를 우선 방문하기로 하고 10분정도 걸려 도착하니 글로벌문학트랙 동료 서성철 목사가 반갑게 나와 맞이해 준다.

차 한 잔을 나누고 나는 서성철 목사에게 광주문학 23호 한 권을 선물로 전한다. 10시부터 있는 공주문화원에서 주관하는 나태주 시인의 문학 강의를 듣기로 하고 서성철 목사가 안내하여 출발을 한다. 공주에 오니 비가 제법 많이 내린다. 어머니에게 야단을 맞으면서도 어릴 적에는 늘 그랬듯이 비를 흠뻑이라도 맞고 싶은 충동이 인다. 아마도 어린 날부터 문학적인 기질이 내게 있었나보다.

서성철 목사가 문학반을 수강하고 있다고 한다. 이방인 청강이라 코로나 발열 체크를 하고 잠시 기다렸다가 강사가 도착하자 나태주 시인이 초등학교 교장 정년이라 같은 직책을 수행한 나를 소개하여 준다. 맨 뒷줄 구석에 자리를 잡고 앉았다. 한 20여명이 전국에서 문학반 수강을 위하여 참여하였다고 한다. 나는 '나는 사랑이란 말을 이렇게 쓴다.' 116(시인생각) 시집도 한권 선물로 받는다.

문학 강의는 민들레의 시학, 톨스토이의 성장, 거백옥의 四九非五十而知, 헛세, 킥더버킷리스트 등의 이야기가 생각난다. 자기를 위하여 산다는 것이 중요한 가치발견임을 기억하라는 요체이다. 참회록을 썼던 이들을 예로 들며 인생 오십부터가 아니라 한 해 한해를 거백옥의 정신으로 돌아보며 살라는 것이다. 시를 쓴 것은 항상 메모할 준비를 하고 메모하고 정리할 때 가능한 것이라고, 나태주 시인은 50여 년 간 6,000편 이상의 글을 썼다고 풀꽃에서 만난 작가가 전한다.

강의가 끝나고 기념사진을 한 장 남기고 새 소망 구리교회로 12시 30분에 돌아와 아동센터를 중심으로 한 교회 어린이들의 바이올린 연주를 듣게 되었다. 우선 예배형식으로 어린들이 순서에 참여하며 예배를 드리고 영어성경암송(시편 23편)을 듣고 특별연주를 듣고 나와 황목사는 축사를 하고 장지영 사모(목사)는 환영사를 한다.

순서가 끝나고 오찬을 푸짐하고 든다. 아침은 금식이었기에 맛을 느끼는 미각이 약한 나이지만 점심은 꿀맛이다. 설렁탕에 야채 과일 등은 풍요롭다. 서 목사 내외가 운영하는 아동문학교실 벽면에는 여러 시화가 걸려 있다. 보기에 참 좋다. 교회, 아동센터 등 종합적으로 운영되는 프로그램이 더 잘되기를 소망하며...

우리는 예정대로 풀꽃 문학관과 황새바위 유적지를 탐방하기로 하고서 목사 승용차로 출발한다. 풀꽃 문학관은 작은 규모의 집이다. 예전에 일제강점기 적산가옥을 공주시에서 매입하여 수리를 하였다고 한다.

주차장에는 나태주 시인의 '트레이드 마크라' 고나 할까. '자세히 보아야 예쁘다. 오래 보아야 사랑스럽다. 너도 그렇다.' 는 풀꽃 시 내용이 자전가 장식과 함께 안내되고 있다. 오르는 벽에는 시화가 그려져 있다. 들어서니 역시 발열체크 하고 잠시 둘러본다. 봉사는 분들도 작가라고 한다.

지금까지 150여 편의 책이 출간되었다고 하니 가히 대한민국 베스트셀러 1급 작가라고 할 수 있겠다. 서목사는 '너와 함께 라면 인생도 여행이다.' 라는 나태주 시인의 시집을 구입하여 우리 둘에게 풀꽃문학관 방문 기념선물로 준다. 풀꽃 문학관은 정리할 것이 아직도 많나보다. 기념사진을 남기고 우리 일행은 황새바위로 출발한다.

황새바위 천주교 공주 순교유적지는 계단에서부터 검은 돌로 구성이 되어 다른 성지보다도 더 엄숙한 분의를 드러내고 있다. 사무실에 들려 신고를 하고 수녀들과 몇 마디 나누고 안내를 해주는 대로 관람을 한다. 정약용, 김대건 등 인물내용과 유물들이 전시되어 있다.

때는 사제나 목사의 길을 갈 수도 있었던 나 자신을 돌아본다. 이곳 성지는 유네스코 지정이라고 하며 부활이라는 주제로 기념비 거석들이 참으로 성경 내용과 어울리게 조성되어 있어 참 교훈적이다. 범부 채, 비비추 등 많은 꽃들이 갈참나무와 어울리며 동산을 오르는 동안 골고다 언덕길이 생각난다. 검은 거석에는 순교자를 추모하는 글이 새겨져 있겠으나 자세히 읽을 수가 없다. 인터넷 사이트를 검색하여 기회가 되면 자세히 읽어 보고 싶다.

다시 새 소망 우리교회로 돌아와 차 한 잔을 하고 마무리를 하며 오후 5시 30분에 출발하여 원주를 향한다. 비가 오고 있다. 빗길이라 속도를 줄인다. 서청주IC를 향하여 네비를 따라 아주 천천히 달리고 있다. 공주, 청주지역은 그냥 아무 감흥을 불러일으키지 않는 것 같다. 도로변으로 아파트 숲에 공장지대 건물들로 평범하다. 시간이 좀 걸려 중부고속도로에서 대소IC에 들어서 충주로 방향을 잡고 금왕 꽃동네 안내판을 바라보며 달린다. 벌써 7시를 가리키고 있다. 좀 힘이 들기에 임시쉼터에 차를 세우고 서쪽 하늘을 보니 저녁노을이 장관이다. 마치 송어회를 먹을 때 송어 속살의 그 주황, 주홍빛이 하늘에 무더기 무더기로 널어놓은 듯이 말이다. 장마전선으로 태평양에서 온 구름들인지 색깔이 그 예전 괌에서 보았던 빛이다. 이국적인 풍경이다.

동충주IC를 나와 19번 충주 원주 국도에 오르니 마음이 편하다. 아침보다도 더 많은 물안개가 산허리마다 장관을 이루고 어두워진 가로등 불빛과 어울리며 달리는 길에 내 마음은 온통 신선이 된 기분이다.

양안 치를 넘고 원주에 들어서며 감사한 마음을 하나님과 우리 흑마에게 전하고 주차장에 들어서니 너무 좋다. 도착을 알리는 문자로 오늘 공주기행 참여하신 분들께 감사를 표하고 안도의 숨을 쉬어본다.

이 밤에 피곤함을 몇 시간 침대에 놓아두고 새벽에 정리하는 공주기행의 글이다. 오늘 하루 많은 수고를 아끼지 않는 분들에게 고마움을 전하며 새로운 나를 위해 정진하고 싶다. 인생 평균수명 80으로 본다면 마지막 단계에서 최선을 다하리.

광군光棍

'광군' 은 원래 막대기나 몽둥이를 의미한다. 광군이 미혼 남성을 뜻하게 된 것은 옆으로 뻗은 줄기와 잎이 없는 몽둥이의 모양새가 총각의 신세와 유사하기 때문으로 풀이된다. 총각은 결혼을 하지 않은 남자를 말한다. 중국에서 나무에서 뻗어 나온 줄기와 잎은 자손의 번성을 상징한다.

중국 국가통계국에 따르면 2014년 말 기준 중국 남성 인구는 7억79만 명으로, 여성보다 3,376만 명 많다. 2020년 중국에서 결혼을 하지 못한 노총각의 수는 3,000만-3,500만 명에 달할 것이란 게 전문가들 추산이다. 이는 캐나다나 사우디아라비아 등 대다수국가의 인구와 맞먹는 수다.

이들의 사회적 불만이 한꺼번에 터져 나올 경우 중국, 주변국은 걷잡을 수 없는 혼란으로 빠져들 수도 있다. 실제로 19세기 중엽 태평천국운동과 함께 청나라 왕조에 반기를 든 염군(捻軍)에 참여한 대부분이 독신 남성과 홀아비, 부랑자들이었다. 중국 총각들의 분노가 폭발 일보직전이다.

노총각이 폭증한 가장 큰 원인은 강제적인 산아제한정책과 뿌리 깊은 남아선호사상 때문이다. 중국의 인구가 1970년대 후반 10억 명 선까지 육박하자 중국 정부는 1980년 한 자녀 정책을 도입 강력히 시행했다.

그러나 자연섭리를 거슬리는 인간의 오만은 뜻하지 않은 결과로 이어졌다.

한 자녀 정책을 도입한 지 35년이 지난 지금 중국은 불법적으로라도 남아선별출산으로 인한 심각한 남초(男超)현상에 직면했다. 1980-2014년 중국에서 출생한 6억 7,500만 명 중 정상적인 수준보다 더 많이 태어난 남성은 3,000여만 명이나 된다. 이들은 짝을 찾기가 어려울 수밖에 없다. 중국의 노총각 폭발은 개혁개방 이후 도시와 농촌의 성장 격차가 부른 위기이기도 하다. 이 지역에서 태어난 여성들은 이미 일자리를 찾아 동남부의 연해 지역이나 대도시로 떠난 지 오래다. 올 5월 발표된 '중국가정발전보고 2015' 는 미혼 남성들이 주로 농촌에 집중돼 있다고 밝혔다.

노총각 광군의 증가는 이미 수많은 사회문제들로 이어지고 있다. 매음과 매춘, 폭력, 유괴, 성범죄가 농촌 지역에서 확산되고 있다. 전통적으로 정상적인 신부 감을 찾지 못한 이들 빈곤지역 광군촌의 총각들은 할 수 없이 청각장애인이나 벙어리, 정신이상자와 결혼하는 일도 적지 않다.

일부는 근친혼으로 장애아를 낳는 경우도 늘고 있다는 게 중국 매체들 보도다. 사례금을 주고 베트남 등 동남아 국가의 처녀를 데려 와 결혼을 하지만 행복한 결말로 이어지 않고 연구 보고서에 따르면 364개 농촌 마을에 대한 조사 결과 30%의 농촌총각들이 사기결혼의 경험이 있었다.

이처럼 농촌에선 노총각이 넘쳐나는 반면 도시에선 거꾸로 '잉여성' 이란 뜻의 잉여(剩女)가 늘어나고 있는 것은 모순이다. 성뉘란 통상 중국의 27세 이상 고학력 고수입 미혼 여성을 일컫는 말로, 일부 매체는 2009년 베이징(北京)의 성뉘가 55만 명-80만 여 명이라고 보도한 바도 있다.

중국은 세계 최대 노총각의 나라지만 수도 베이징은 세계 최대 미혼 여성들의 도시인 셈이다. 문제는 성뉘도 결혼하는 게 쉽지 않다는 데 있다. 충칭의 한 매체가 28세 이상 성뉘 500명을 대상으로 조사한 결과에 따르면 84%가 자신의 집을 갖고 있었고 30%는 자동차를 보유하고 있었다.

자아실현을 위해 일부러 결혼 시기를 늦추는 성뉘도 있지만 배우자에 대한 요구수준이 높아 마음에 드는 신랑감을 구하지 못한 경우들도 많다. 이들은 적어도 자신들보다는 더 부유하고 학력이 높은 상대를 찾으나 결혼정보회사 관계자는 결혼 현실은 '한국 드라마' 가 아니라고 꼬집었다.

중국은 지난해부터 한 자녀 정책을 수정, 부모 중 한 명이 독자일 경우 자녀를 2명까지 낳을 수 있도록 완화했다. 남아선호 사상도 희미해지면서 최근 남녀 출생 성비는 다소 개선되고 있다. 그러나 상당한 시간이 필요해 보인다. 자녀정책 3박자가 낳은 대륙의 비극은 이제 시작일 뿐이다.

대한민국도 청년실업이 가중되고 결혼의 필요성이 떨어지는 의식들로 인하여 저 출산이 심각한 문제로 대두되고 있다. 정부에서도 여러 가지 지원 대책을 수립하여 실시하고 있지만 각 분야마다 크게 영향을 받고 있다. 6.25전쟁 이후 '베이비붐' 이라 하여 인구가 증가하자 1950년대 이후 1960년대까지는 가족계획법을 실시하여 한집에 2명으로 출산을 제한하기도 하였는데 말이다.

1970년대에는 화전정리법에 의하여 산촌농촌에 인구를 신설공업도시지역으로 이주시켰다. 많은 소규모 초등학교들이 폐교를 하게 되었다. 군 이하지역 인구가 급격히 줄어 문제가 발생하고 있는 것이리라. 고향학교도 의무교육 1면 1학교 유지정책에 따라 학생수가 50여명인 실정이다.

화요일기火曜日記

아침부터 아내는 하루가 지루하다며 푸념이었다. 월, 토요일은 하루 종일 손자손녀를 돌보기에 칠순 나이가 다 되어가니 힘에 겹기도 하다고 한다. 오늘은 그런 아내를 위로도 해줄 겸 동네 한 바퀴 돌아볼까 궁리를 하던 차에 부론 법천사지를 중심으로 하여 나들이를 약속하고 준비를 하였다.

점심을 들고 오후 1시에 여섯 살 손자 녀석이 사과를 너무나 잘 먹는다고 하기에 우선 가까운 사과농원이 있는 제천시 백운면을 들려 사과를 구입하려고 출발을 하여 19번 국도를 달려 백운면시장 농협 하나로 마트에서 사과 3봉지를 3만원을 주고 샀다. 사과 맛을 본 아내는 괜찮다고 하였다.

돌아오는 길에 더 좋은 사과가 없는가 살폈다. 도로변 직판장 홍보판은 있으나 썰렁하여 차를 몰아 앙성을 지났다. 코로나 이전에는 탄산온천에 와 즐기곤 하였는데 요즘은 온천을 할 상황이 아니라 지나치며 부론으로 가는 길 지방도에 들어 충청북도와 강원도의 경계 남한강을 건너고 있다.

우선 남한강변 홍원창에 차를 세우고 멀리 영월, 단양, 충주에서 흘러오고 원주에서 흘러오는 섬강과 만나 여주 이천 팔당 서울 강화도 서해로 흐르는 한강을 이야기하며 기념사진을 찍었다. 이곳은 충청북도, 강원도, 경기도가 만나는 삼합지역이다. 경치가 남다른 감흥을 불러일으키는 곳이다.

고려, 조선시대에는 이곳에 조창이 있었으니 그 이름을 흥원창이라고 하였다. 한양에서 올라오는 배들이 원주, 충주, 여주지역에 집산한 물품들을 실어 나르는 집산지였다. 당시에는 부론지역이 인구가 많아 번창 하였다고 한다. 그러나 철도가 놓이고 도로가 개통되며 수운은 쇠퇴하게 되었다.

잠시 후에 손곡리 법천사지로 향하여 도착하니 다른 사적지에 비해 복원이 거의 안 된 상태였다. 1,000년 된 느티나무, 무너진 집터의 돌무더기가 눈에 들어왔다. 차를 주차하고 한참 걸어서 지광국사의 탑비가 있는 곳에 도착하였다. 탑비 좌대는 과연 예술적인 면모를 갖추었고 특이하였다.

지광국사(智光國師)는 원주 출신으로 8살부터 두각을 나타내며 고려 6개 불교 학파 중에 법상종으로 국사에 까지 올랐던 인물이다. 조선을 거치며 숭유배불정책에 영향을 받았다. 설상가상으로 7년 전쟁인 임진왜란으로 불타버린 법천사는 그 후 복원의 길을 찾지 못하고 이제까지 내려오고 있어 안타깝다.

9km 떨어진 곳에는 거돈사지가 있다. 거돈사지는 원광국사를 기리고 있다. 법천사지보다 앞선 시기에 번창을 하였다. 그리고 12km 떨어진 곳에는 흥법사지도 있다. 흥법사지는 왕건과 관련이 있는 사찰이 있었다. 왕건은 건등산을 중심으로 견훤과 남한강 섬강 싸움에서 승기를

잡았다고 한다.

많이 떨어진 여주 주암에는 고달사지가 있다. 고달사지는 신라 중기 이후 남한강유역을 차지한 신라가 정책적으로 세운 사찰이다. 원종대사비가 세워져 있다. 지금 복원을 많이 한 상태다. 이런 흐름으로 홍법사지, 거돈사지, 법천사지가 이루어지며 남북조시대 신라, 고려의 흔적을 남기고 있다.

남한강이 흐르는 한반도의 중심부에 삼국시대의 정치, 종교의 역사가 살아 숨을 쉬는 곳을 한 바퀴 돌고 나니 감회가 새롭다. 신라 말기로부터 고려초기의 전쟁터였던 이곳에서 또 하나의 아픔을 간접적으로 경험하게 되었다. 그 시대에 백성을 위해 수고했던 지도자들이 한편 고맙게 느껴졌다.

고려시대에 국교였기에 왕성하던 불교가 조선시대로 들어오며 정치이념을 자리 잡은 유교에 밀리며 1차로 쇠퇴하게 되고 왜구의 침략으로 소실되어 폐허가 되고 조선말기 일제강점으로 인하여 철도, 도로 확충으로 수운의 쇠퇴가 가져온 현장, 복원을 위하여 모아둔 돌들이 씁쓸하기만 하였다.

문화재관리법에 의하여 전국에 흩어져 있는 문화유산들을 정부에서는 관리하고 있다. 법천사지도 옛터를 구입하여 관리하고 복원하려는 노력을 보게 된다. 다른 지역으로 가 있는 탑을 제자리로 옮겨오려는 시도도 진행되고 있는 듯하다. 어딘지 모르게 부자연스럽게 느끼는 것은 아내도 마찬가지였다.

돌아오는 길은 마음이 편하였다. 아내는 힐링이 되었다며 밝은 표정이다. 시청 옆 아들네 집에 들려 사과봉지를 며느리와 손자에게 2개나 전하고 집으로 돌아와 마트에서 구입한 초밥 꾸러미를 열고 저녁식사를 하니 참 맛이 있다. 오늘은 보람이 있던 날이었다. 쉬다가 일찍 잠자리에 들게 된다.

정년퇴직

얼마 전 하버드대 생물물리학 박사 출신의 뤄린자오가 광둥성 선전 난산구 타오위안 가도판사처(주민센터)로 이직을 하여 화제를 모은 바 있다. 그런데 '하버드' 박사가 주민센터로 이직하는, 이러한 행보를 보여준 고학력자는 뤄린자오 만이 아니다.

중국 국내 일류 대학의 부교수 한 명도 가도판사처로 자리를 옮겼다는 사실이 드러나면서 중국 각 지역의 가도판사처에서 근무하고 있는 칭화, 베이징대의 석박사 출신들이 넘쳐난다는 사실이 밝혀졌다. 이러한 현상은 '중국 고학력자들 실업 심각' 이라는 측면에서 이다.

뤄린자오가 언론의 주목을 받았던 것은 그의 고스펙 때문이다. 하버드 박사에다가 졸업 후에도 하버드에서 포닥 과정을 마쳤고 귀국해서는 남경대학 물리학과 교수로 재직하고 있었다. 그런 그가 남경대 물리학과 교수자리를 마다하고 가도판사처로 자리를 옮긴 것이다.

선전의 한 공립중학교에서 2020년 졸업생들을 대상으로 교사채용공고를 하였는데 지원자만 3만 명 이상이었다. 지원자 1차 서류전형에 합격한 491명 중 석사학위 이상의 학력자가 423명이었고 그중에 박사가 23명이고 베이징대와 칭화대 졸업생이 각각 6명과 5명이었다.

하버드 박사의 동사무소 취직, 구글차이나 보다도 지방대학을 선택한 아이티 인재, 중학교 교사직에 몰리는 석박사생들, 중국 고학력자들의 취업난의 일면을 보여주는 것일 수도 있는 이면은 그렇게 간단하지가 않다. 그들이 선택한 자리는 모두 정년이 보장 되는 자리다.

1990년대 수많은 교사들이 교단을 떠났고 더 많은 공직자들이 개인의 사업 개척을 위해 직장을 떠났다. 농촌의 젊은이들까지도 너도나도 도시로 향했다. 시장경제가 몰고 온 진풍경이었다. 이는 중국사회주의 특색의 시장경제에 전에 없는 활력을 불어넣었으나 변해버렸다.

교수직도 예전에는 학교에 취직이 되면 그대로 정년으로 이어지는 경우가 대부분이었으나 지금은 완전히 달라졌다. 업적평가를 받아야 하고 국가 프로젝트를 수행해야 하는 등 각종 다양한 조건이 추가되었다. 평가를 통과하지 못하면 승진도, 정년도 보장 받을 수 없다.

교사에 대한 대우는 지난 20여 년간 꾸준하게 지속적으로 개선되어 왔다. 이제 경제적인 능력이 보장되는 안정적인 직업을 원한다. 바로 교사, 공무원인 것이다. 이는 사람들이 공직에 관심을 가지기 시작했고 제도적인 측면이 이러한 가치관의 변화를 부추기는 면도 있다.

아무리 그렇다고 하더라도 고학력자들의 관리직 진출은 자연 눈살이 찌푸려진다. 생물물리학박사가 동사무소에서 근무하고, 박사 학위자가 중학교 교사직에 지원할 정도로 중국에 그렇게 인재가 넘쳐난다는 것인가? 그렇지는 않다. 이 불편한 현실이 지금 중국의 모습이다.

근로자가 일정한 연령에 이르면 노사 당사자의 의사와 관계없이 근로관계가 종료되는 제도를 말하고 그 일정한 연령이 정년이다. 종신고용제 아래 연공임금을 전제로 하는 노무관리에서 고임금 · 고연령 근로

자를 배제하고 인사의 신진대사를 제도적으로 확보하려는 데 있다.

정년보장은 어떤 일정한 연령까지 퇴직 · 퇴임하도록 보장해 있는 나이를 말한다. 기독교는 목사나 장로, 권사, 집사 등 교회 직원이나 총회 · 노회 등 치리회나 산하 기관의 임원이 일정한 나이가 되면 퇴직하도록 정해진 때. 대부분의 교단은 정년을 만 70세로 정해 놓고 있다.

정년 제도를 정년 퇴직제와 정년 해고제로 나누어 그 차이를 분석하면서 개념을 명확히 한다. 정년해고제는 근로자가 정년에 도달한 것을 이유로 하여 사용자가 해당근로자를 해고함으로써 고용관계를 소멸시키는 제도로서 「근로기준법」 제23조의 해고법리를 적용받는다.

교육대학을 졸업하고 1973년도부터 둔내초등학교를 시작으로 2014년도까지 광주초등학교를 마지막으로 41년간 교직을 수행하고 정년퇴직을 하였다. 15개 학교를 근무하면서 교사, 교감, 교장을 거치며 초등교육에 몸을 담고 담임을 한 학생이 1,500여명, 교감, 교장으로 함께 한 학생이 2,300여명 모두 3,800여명의 학생, 교직원 300여명이 나를 선생으로 기억하고 있을 것이니 감개가 무량하다. 건강과 지혜를 주셔서 업무수행을 하게 하신 하나님께 감사를 드린다.

도둑고양이 코가 세다

도적은 도둑으로 남의 물건을 훔치거나 빼앗는 따위의 나쁜 짓이나 그런 짓을 하는 사람이다. '도둑이 주인더러 밥 잡수 한다.' 는 속담이 있다. 도둑이 주인처럼 제 마음대로 행동하면서 오히려 주인더러 '그 밥 잡수.' 한다는 뜻으로 잘못을 저지른 자가 매우 뻔뻔스럽게 행동함을 이르는 말이다. '도둑이 코 세운다.' 는 속담도 있다. 잘못한 사람이 아무런 잘못도 없는 것처럼 행동함을 이르는 말이다.

盜자는 氵欠(연, 침을 흘리다)과 皿(명, 그릇)의 합자이다. 접시 속의 것을 먹고 싶어 군침을 흘리다, 전(轉)하여 '훔치다' 의 뜻이다. 갑골문을 보면 次자 아래로 舟(배 주)자가 이미지다. 次자는 입을 벌려 침을 튀기는 모습을 그린 것이다. 그러니 갑골문에는 배 위에 침을 흘리고 있는 사람을 표현한 것이라고 할 수 있다. 이것은 노략질을 일삼는 해적을 표현한 것이나 소전에서는 의미 유추가 어렵다.

賊자는 사악하게 마디를 갉아먹는 해충처럼 무기를 들고 재물을 훔치는 무리라는 뜻한다. 貝(조개 패)자와 戎(병기 융)자가 결합한 모습이다. 금문에 나온 賊자를 보면 貝자와 戈(창 과)자, 人(사람 인)자가 이미지다. 이것은 재물 앞에 창을 들고 있는 사람을 그린 것으로 무력으로 재물을 강탈했다는 뜻을 표현한 것이다. 무기로 위협하며 재물을 강탈하는 '도둑' 이나 '역적' 이라는 뜻을 갖게 되었다.

도둑은 남의 것을 훔치거나 강탈하는 자이다. 도둑에 대한 율법 규정을 보면 다음과 같다. 소나 양 등 가축을 훔쳐 팔았을 경우에는 4-5배로 배상해야 했다. 가축을 훔쳤으나 팔지 않고 가지고 있다 발각되었을 경우에는 2배로 배상해야 했다. 배상 능력이 없을 경우 노예가 되어 노동력으로 그에 상응하는 대가를 지불해야 했다. 야간에 집에 들어온 도둑을 잡다 실수로 살해하는 경우는 정당방위로 용납되었다. 하지만 대낮에 이런 일이 발생했다면 이는 과잉 대응으로 간주되어 살인죄가 적용되었다.

한편, 도둑질은 단순히 남의 물건을 훔치는 행위뿐만 아니라 정당한 노력 없이 남의 것을 취하는 일체 행위를 포함한다. 신약에서는 주의 재림의 은밀함을 '도둑이 오는 것'에 비유하고 있다. 개역한글판에서는 '도적'으로도 번역된다.

> 말라기 기자는 "사람이 어찌 하나님의 것을 도둑질하겠느냐. 그러나 너희는 나의 것을 도둑질하고도 말하기를 우리가 어떻게 주의 것을 도둑질하였나이까하는 도다. 이는 곧 십일조와 봉헌물이라. 너희 곧 온 나라가 나의 것을 도둑질하였으므로 너희가 저주를 받았느니라. 만군의 여호와가 이르노라. 너희의 온전한 십일조를 창고에 들여 나의 집에 양식이 있게 하고 그것으로 나를 시험하여 내가 하늘 문을 열고 너희에게 복을 쌓을 곳이 없도록 붓지 아니하나 보라. 만군의 여호와가 이르노라. 내가 너희를 위하여 메뚜기를 금하여 너희 토지소산을 먹어 없애지 못하게 하며 너희 밭의 포도나무 열매가 기한 전에

떨어지지 않게 하리니 너희 땅이 아름다워지므로 모든 이방인들이 너희를 복되다 하리라. 만군의 여호와의 말이니라." 고 기록하고 있다.

성경에서 십일조와 봉헌물을 도둑질과 관련한 말씀이다.

"마리아는 지극히 비싼 향유 곧 순전한 나드 한 근을 가져다가 예수의 발에 붓고 자기 머리털로 그의 발을 닦으니 향유 냄새가 집에 가득하더라. 제자 중 하나로서 예수를 잡아 줄 가룟 유다가 이 향유를 어찌하여 삼백 데나리온에 팔아 가난한 자들에게 주지 아니하였느냐 하니 이렇게 말함은 가난한 자들을 생각함이 아니요 그는 도둑이라 돈궤를 맡고 거기 넣는 것을 훔쳐 감 이러라." (요 12:2-6)

"부모의 물건을 도둑질하고서도 죄가 아니라 하는 자는 멸망 받게 하는 자의 동류니라. 욕심이 많은 자는 다툼을 일으키나 여호와를 의지하는 자는 풍족하게 되느니라. 자기의 마음을 믿는 자는 미련한 자요 지혜롭게 행하는 자는 구원을 얻을 자니라. 가난한 자를 구제하는 자는 궁핍하지 아니하려니와 못 본 체하는 자에게는 저주가 크리라. 악인이 일어나면 사람이 숨게 되느니라." (잠 28:24-28)

민주주의는 선거를 통하여 권력을 위임 받게 된다. 감리회도 선거로 대표자를 선택하게 되어 있다. 감독회장, 감독 선거가 마무리 되었다. 일단은 결과에 승복을 하는 것이 구성원들의 할 일이다. 그러나 교리장

정 선거법에는 불법이 있다면 법적인 다툼을 할 수 있는 장치를 해 놓고 견제를 한다. 그 동안 감리회본부는 여러 사건을 드러내었다. 적어도 공적인 재산을 함부로 축내지는 말아야 한다.

특히 유지재단은 구성원들의 피와 땀이 모아져 있는 것이다. 앞서 희생한 신앙선배들 뿐만 아니라 현재 신앙생활을 하고 있는 이들의 수고가 모아져서 감리회를 위한 자산으로 활용되고 있다. 그야말로 공적인 기금인 것이다. 권한이나 권력을 위임 받은 이들은 유지재단을 지켜 보호해야 할 신성한 의무와 책임감을 가져야 한다. 향후 어떠한 불미한 소식이 매체를 통해 나오지 않기를 소망한다.

한파寒波

한파는 한랭한 공기가 유입되어 기온이 급격하게 내려가는 현상이다. 보통 영하 10도가 되면 유리문이나 유리창에 성에가 끼지만 건물에 따라서는 영하 5도 이하에서도 낄 때가 있다.

영하 20도 이하에서는 얼굴을 내놓고 집밖을 거닐 수가 없으며 눈썹이나 수염, 머리카락에도 서리가 끼기도 한다. 동결, 동상 때문에 건물의 이음 부분이 파괴되기도 한다. 영하 25도 이하가 되면 선 채로 소변을 볼 수 없다고 한다. 영하 30도 이하이면 나무가 동결해서 내는 소리를 들을 수 있다고 한다. 영하 40도 이하면 작은 새나 까마귀가 동사해서 떨어지고, 영하 50도 이하에서는 숨 쉴 때의 김이 귀 부근에 얼어붙어 소리가 약하게 난다고 한다.

사람이 사는 곳 중 세계에서 가장 추운 마을로 불리는 시베리아 '오이먀콘 지구대(Oimyakon)' 이다. 이곳에서 찾은 얼음동굴은 영구 동토답게 한여름에도 영하 10도를 유지한다고 한다.

올 겨울 들어 영하 10도를 가리키고 있는 원주혁신도시는 매우 춥다. 어제 눈이 내려 길이 내린 눈이 쌓여 얼어붙었다. 치악산 봉우리는 하얗다. 오후 2시경 미리 내 호수 둘레 길을 따라 왕복 4km정도를 걸었다. 낮에는 양지쪽으로 약간 녹기는 하였지만 길이 매우 미끄럽다.

두툼한 방한복으로 갈아입고 눈이 얼어붙은 길을 걸으려니 둔하기도 하였다. 눈 위를 걸어갈 때 뽀드득거리는 소리가 소년 시절 시골길을 걸을 때와는 조금 다른 느낌이었지만 참 좋았다. 오를 때는 골짜기 바람을 등지고 가기에 그런 대로 괜찮았으나 내려올 때는 불어드는 바람에 눈물이 났다.

마스크를 쓰고 걷는 것이 불편하였으나 알림 막마다 공원에서도 마스크를 착용하라고 홍보하고 있어 코로 나오는 입김이 안경에 서렸다. 추워서 그런 지 새들도 잘 보이지 않고 길가에 잎이 떨어진 나무에는 새들은 날아가 버리고 오래된 새집 빈 둥지가 눈에 띠곤 하여 사진 몇 장을 남겼다.

집에 들어오니 잠시 후에 아파트 방송에서는 내일 한파가 더 심하니 동파예방관리에 만전을 기하여달라는 당부를 하고 있다. 아파트 구내가 미끄러우니 노약자 및 어린이들은 안전사고에 유의하라는 경고방송까지 듣고 나니 나도 벌써 경로인지라 내일은 나들이를 생략하고 방콕을 해야 하겠다.

나이가 들면 겨울을 매우 조심해야 한다. 찬바람이 거세고 일교차가 극심할 때 가장 주의해야 할 대표적인 질환의 하나는 고혈압이다. 갑자기 차가운 날씨에 노출되면 혈관 벽이 수축해 혈압이 치솟기 때문이다. 실제로 고혈압 환자의 겨울철 사망률은 여름철보다 30% 정도 높은 것으로 알려져 있다. 심혈관계가 갑자기 찾아온 추위를 감당하지 못하고 증상이 심해지기 때문이다. 특히 잠에서 막 깨어난 아침에는 교감신경 활성도와 함께 혈압이 높아져 이 같은 문제가 발생할 확률이 높다.

건강한 사람들도 대기 온도가 1도씩 내려갈 때마다 혈압이 0.2-0.3mmHg 올라가는데 이는 체온이 떨어지는 것을 방지하기 위해 피부 혈관이 수축하면서 일어나는 현상이다. 뇌출혈, 뇌경색, 심근경색 등 고혈압 합병증으로 인한 사망도 통계적으로 10월부터 늘어나기 시작해 1-2월에 가장 많아져 다른 계절보다 10-25% 증가한다. 이 때문에 대한고혈압학회는 매년 12월 첫 주를 고혈압 주간으로 선포하고 대국민 고혈압 캠페인을 벌여오고 있기도 하다.

고대 구로병원 순환기내과 박창규 교수는 "겨울철에는 고혈압 환자는 물론 고령 인이나 일반인도 무리한 아침 운동과 과음을 피하고, 정기적인 혈압 체크를 하는 등 주의를 기울여야 한다."고 조언했다.

그리고 겨울에 발생하는 '동상'은 구체적으로는 '동창'과 '동상'을 함께 일컫는데, 동창은 추운 날씨에 노출된 얼굴, 손, 발 등이 붉게 변하고 붓는 질병인데 혈관 속에 염증은 생겼지만 얼음이 형성되지는 않은 상태로 동상보다는 가벼운 상태를 말한다. 심할 경우 물집이 생기고 곪기도 하지만, 병원을 찾아 혈관 확장제 등 약물치료와 동창에 걸린 부위를 따뜻하게 하면 크게 문제 되지 않는다.

동상은 피부의 온도가 영하 2℃-10℃ 사이의 심한 저온까지 내려가 피부조직에 피가 통하지 않아 얼어버린 상태를 일컫는 것으로, 일반적으로 피부의 온도가 10도가 되면 정상적인 혈류의 흐름이 거의 없어지게 되며, 피부의 온도가 0도가 되면 혈관 속에 얼음 결정이 형성돼 손상을 일으키게 된다.

동상 역시 동창과 비슷하게 귀, 코, 뺨, 손, 발 등 추위에 쉽게 노출되는 부위에서 잘 발생한다. 동상에 걸리면 모세혈관이 수축해 피가 통하지 않기 때문에 피부가 검붉은 색으로 변하고 부어오른다. 심해지면 언 부위의 피부가 창백해지고 감각이 없어지기도 한다. 추위에 노출되어 있을 때는 증상이 없지만 따뜻하게 해주면 언 부위가 녹으면서 통증 및 붉은 반점, 종창 등이 나타나고 치료를 하지 않은 채 계속 추위에 노출되면 근육, 혈관, 신경까지 동상이 침투하기도 한다.

등산과 같이 고도가 높은 곳에 오르면 바람도 심하고, 찬 공기에 노출되는 시간도 길어 몸에 온도가 떨어지기 쉬워 동상에 걸리기 쉽다. 따라서 젖어있거나 꽉 조이는 옷을 제거하고 상처 부위를 높게 해서 부종이 생기는 것을 막아주고 마른 거즈로 하나씩 감싼 후 빨리 병원을 찾아야 한다.

묵은 세배 기행

동지가 지난 지 한 주가 지났으니 해가 노루 크기만큼 길어졌을까? 소 누운 자리만큼 길어졌을까? 가장 길었던 밤은 지나고 낮의 길이가 조금씩 길어진다는 날이다. 아세, 작은설이라 하여 예전에는 묵은세배도 다녔던 기억이 난다. 동짓날은 서당 입학식을 하였는데 아마도 학문에 새 출발을 한다는 각오와 결심이 있었던 조상들의 지혜가 있어 보인다.

12월 29일 아침 10시 예정대로 고향을 향하여 차에 오른다. 며칠 전부터 아내와 조율을 거쳐 출발을 하게 되었다. 나는 내 고향이라 추억도 있고 한해를 마무리하며 성묘도 해야 하고 고향에 여러 가정들이 도시로 떠나고 몇 가정 남지 않은 친인척들도 묵은세배를 올리며 친목을 해야 하겠기에 별 부담이 없다. 하지만 같이 산지 40여년이 지났어도 아내는 아직 남편의 고향이 낯설기에 동행으로 따라 나선다는 것이 쉽지는 않은 모양이다.

외곽도로를 지나 소초를 지나고 전재를 넘어 관말 시장에 도착하여 작은 선물꾸러미를 마련하기 위해 농협 하나로 마트에 들렀다. 사과와 배 박스를 구매하여 차에 싣고 고향으로 달리고 있다. 진소매운탕 간판이 옆으로 보인다. 고향에서 그래도 높은 산 매화 산자락에 삼형제바위가 있고 운치가 있는 바위들이 여러 개 있다. 새재 진소는 벼랑아래 깊은 소이다. 예전부터 물이 깊어 위험한 곳이었다. 낚시꾼들은 큰 고기를 낚기 좋은 곳이었다.

치악산으로 들어가는 입구 소공원에는 우리 아버지 공적비가 있고 그 옆에는 강원도 관찰사를 지낸 송강 정철 시비가 있으며 꽤나 규모가 큰 가천표지석이 가운데 있다. 예전 들판에는 인삼포가 들어서 있다. 고향 후배들 가운데는 인삼포를 하는 이들도 있다.

예전 종대거리 고개를 올랐다. 우리 어릴 적부터 있었고 60여년이 지난 잣나무는 아직도 서 있다. 우선 종갓집에 들려 같은 항렬인 종손이 마침 밖에 있기에 과일상자를 전달하고 큰 아저씨는 지병으로 누워계신다기에 들어가지는 않았다, 코로나도 염려가 되었기에... 행동에 제약을 받는다. 그리고 원주 아들집에서 머물며 병원을 다니시던 집안 할아버지뻘인 분이 요즘 고향집에 들어와 계신다기에 들려 과일 상자를 전하였다. 할머니는 누워계신다고 하였다.

산소 바로 아래 있는 친척집은 할머니 혼자 계신다. 들어가 인사를 하고 과일 상자를 전하고 이야기를 나눈 후 나왔다. 조상 묘소 인사를 올리기 전에 살아계신 분들부터 인사를 하고 나니 마음이 한결 편해졌다. 우리 아버지의 유언이기도 하였지만 말이다. 아버지께서는 큰 아들이 기독교회장로라고 하여도 함씨집안사람들을 잘 보살펴달라고 하셨기에 말이다.

우리 아버지는 질병과 사업의 실패로 고향에 머문 적이 있었다. 그 때는 고향을 위해 새마을지도자로 한동안 일을 하셨다. 고향 사람들에게 여러 가지 자문을 하는 등 본인이 가지고 있는 지식이나 기술 등 유익을 나누어주는 일들을 많이 하셨다. 그래서 보, 도수로, 농경지정리 등 공적으로 마을에서는 소공원에 송덕비를 세우고 칭송을 하고 있는 것이다.

고향을 뒤돌아 관말 시장으로 다시 올라오며 예전 초등학교 다닐 때 놀던 개울가를 바라보니 감회가 새롭다. 목욕을 하며 헤엄을 치던 여름, 썰매를 타고 얼음을 지치던 겨울, 들판에서 메뚜기 잡고 놀던 가을, 시장 놀이터에서 구슬치기, 딱지치기 등 늘 고향을 방문할 때마다 추억은 아름다운 상상으로 내 곁을 지키고 있어 행복감이 배나 더하여지는 날이다.

다니던 학교를 지나 문재를 넘어 방림 삼거리에서 평창으로 방향을 잡고 아들이 병원을 하는 영월을 향하고 있다. 아내는 독감 예방접종을 해야 한다며 재촉을 하고 있다. 지나는 거리마다 외부적으로는 많이 변했다. 건물들도 예전 같지 않은 모습에 놀라움도 크다.

평창 읍내를 지나 영월 북면을 지나 장릉에 도착하며 영월읍내로 들어서 동강한우에 차를 일단 대고 점심을 먹으려 하였으나 시간이 12시라 우선 병원부터 들리기로 하고 병원으로 갔다.

영월도 코로나 발생으로 아들과 직원들이 긴장을 많이 하고 있는 것 같다. 마스크미착용자는 출입을 금지한다는 안내판이 두렵게 느껴진다. 아들도 별로 반가워하는 눈치가 아닌 것처럼 느껴지는 것은 내 마음만일까. 아내도 예방접종만 하고 바로 가자고 졸라댄다.

점심은 먹어야 하겠기에 동강한우에 들어가니 발열 체크에 연락처 작성 등 절차를 거치고 자리에 앉아 육회비빔밥으로 식사를 하고 사골국물을 두 박스 구입하고 차에 올라 원주로 향하는 길이다. 일기예보대로 오후에는 눈이나 비가 온다고 하니 조금 서둘러 탁사정자 등 중간 참을 생략하기로 하고 배론 성지 탑비현판을 보며 달려오고 있다.

농협 남부지점에서 신년달력을 나누어준다는 문자에 아내가 찾아 가지고 가자기에 들렸지만 이미 동이 났다고 하는 안내자 말에 아내는 아쉬움이 있었나 보다. 충분히 준비도 아니 하고 선착순으로 나누어준다니 조금은 분배방법이 황당하기도 하다.

오후 3시경 집으로 돌아와 30분쯤 지났을 때부터 눈이 내리기 시작하더니 많이 쌓여 갔다. 아내는 우리는 괜찮지만 아들 퇴근길이 걱정이 된다고 한다. 오늘 하루 묵은세배로부터 시작하여 동네 한 바퀴 돌아온 소감이며 아내가 힐링이 되었다니 참으로 가치가 있는 날이었다.

2부 자연환경의 세계

청둥오리 날고

척추동물의 한 강이며 앞다리는 날개로 변형되어 날 수 있고, 입은 부리로 되어 손을 대신하는 구실을 하며, 온몸이 깃털로 덮인 온혈동물이다. 모두 난생이며, 폐에 이어지는 기낭이 있고, 시력이 발달하였다. 깃털은 얇은 피부에 나며, 땀샘이 없고, 미지선의 기름으로 깃털의 방수를 한다.

새는 인간에게 친근한 존재로서, 하늘을 날 수 있다는 특성을 가지는 것으로, 원시시대부터 현대에 이르기까지 세계 각지에서 새에 대해서 다양한 심의가 모아졌다. 나는 새는 대기나 바람의 상징이며, 나비나 개똥벌레와 함께 영혼의 유사한 모습이라고 한다. 또한 하늘로 오르는 그 모습에 의해서 신의 중개자 또는 신의 화신으로도 본다. 특히 맹수류처럼 강한 날개를 가진 새는 천장의 태양과 관련시킨다.

우리나라의 새는 북으로 백두산 정상 2,749m의 최고봉 장군봉으로부터 남으로는 제주도 남단 마라도에 이르기까지 산과 바다를 비롯해 내륙의 하천과 오지의 산간계곡에 이르는 전 지역에 살고 있다.

지구상에 알려진 8,600여 종의 새 가운데에서 우리나라에는 현재 380종의 새가 기록되어 있으며, 지리적인 품종(아종)까지 합하면 430여 종 및 아종에 이른다. 절종되었다고 간주되는 원앙사촌과 64종의 미조(迷鳥)를 제외한 315종 가운데 50종은 텃새이고, 나머지 265종은 철새들이다. 철새는 111종의 겨울새와 64종의 여름새 및 90종의 나그네새(통과새) 등 265종이다. 이 밖에 20여 종의 새가 북한에서만 채집되었는데, 그 중 5종은 백두산 고준지대의 한지성 조류이고 나머지는 미조들이다. 우리나라는 세계생물의 지리적 구분으로 보아 구북구의 중국 아구와 시베리아 아구에 속한다.

도회지는 인구의 증가로 말미암아 거리나 시골 소읍의 주변에서 새의 수가 줄고 있다. 그러나 아직도 참새 · 까치 · 제비 · 귀제비 · 찌르레기 · 노랑때까치는 거리나 시골 소읍의 주변에서 흔히 볼 수 있다.

넓은 정원이나 공원에서는 꾀꼬리 · 파랑새 등을 여름철에 볼 수 있다. 겨울에는 박새류 · 동고비 · 황여새 · 직박구리를 볼 수 있다. 솔개와 말똥가리는 도회지 상공에서 흔히 볼 수 있다.

많은 새들이 이동이라는 말로 표현되는 사는 장소의 계절적 이동을 하고 있다. 번식지와 월동지 사이를 오가는 이동의 폭은 거리상 많은 차이가 있으며, 국내를 계절적으로 이동하는 조류는 보통 떠돌이새라고 부르며, 일반적으로 바다를 건너 장거리를 이동하는 새들을 철새라고 일컫고 있다.

철새 중에서 월동을 다른 지방에서 하고 봄에서 여름에 걸쳐 도래하여 번식하고, 여름이 지나 가을에 접어들면 남하 이동하는 새를 그 지방의 여름새라고 하며, 반대로 월동하기 위하여 남하 이동하여 오는 새를 그 지방의 겨울새라고 부른다. 이동 도중에 기착하는 새는 그 지방의 나그네새라고 한다.

대표적인 여름새는 제비 · 뻐꾸기 · 꾀꼬리 · 파랑새 · 백로 등이며, 대표적인 겨울새는 쇠기러기, 청둥오리, 재두루미 고니 갈가마귀, 콩새, 솔잣새 등이고, 대표적인 나그네새는 중부리도요, 흑꼬리도요, 좀도요, 제비갈매기, 왕눈물떼새, 개꿩 등이다. 한편, 대표적인 떠돌이새로는 굴뚝새 · 말똥가리 · 직박구리 · 잣까마귀 등이 있다.

우리나라에 도래하거나 통과하는 철새는 시베리아 · 중국 동부와 동북지방 등지에서 번식하고 일본 남부에서 오스트레일리아에 이르기까지 장거리를 이동하여 월동하는 철새의 무리가 그 대부분이다. 특히, 4, 5월과 9-11월에는 100종 이상의 철새집단이 우리나라를 통과하여 이 기간에는 많은 철새를 볼 수 있다.

우리나라에서 볼 수 있는 새 380종중에서 대표적인 텃새는 꿩 · 멧비둘기 · 참새 · 까치 · 까마귀 등이다. 특히 보호를 요하는 20종에 대해서는 〈 문화재보호법 〉에 의거, 천연기념물로 지정하고 있다. 그리고 그들의 서식지와 도래지 및 번식지 22개 소, 가금인 오골계 사육단지 1개소 등도 지정되어 있다.

일 년 동안 그곳에 머물러 사는 새는 텃새라고 한다. 이 밖에 조수보호 및 수렵에 관한 법률에 의거 시행령에 따른 산림청 고시로 지정된 수렵조류 28종을 제외한 나머지 새들은 모두 보호조류로서 법의 규제를 받고 있으며, 수렵이 허가된 새들도 수렵기간에 한하여 한정된 수량을 포획할 수 있다.

우리 동네 미리내 작은 소류지에도 겨울 철새 청둥오리가 날아들어

살고 있다. 무리를 지어 헤엄도 치며 먹이 사냥도 즐기고 부들 숲을 헤치며 숨기도 하고 얼음이 얼어붙는 날은 온도가 그래도 주위보다 높은 데를 찾아 모여 있다. 추운 겨울을 나고 북녘 압록강으로 날아가려는가? 아침에는 날아가는 훈련을 하는지 어린 청둥오리들이 4마리씩 편대 비행을 하고 있다.

삼조관三鳥觀

창세기의 홍수 이야기에 따르면 노아가 땅이 있는지 알아보기 위해 배에서 비둘기를 내보냈고 비둘기는 올리브 가지를 물어 와서 땅이 있음을 알려줬다. 마태 복음서과 누가 복음서에 따르면 그리스도가 세례자 요한에게 세례를 받는 동안 성령이 비둘기의 모습으로 나타났다고 하여 그리스도교에서는 성령과 평화를 나타내는 상징으로 비둘기를 써왔다.

기독교에서는 비둘기를 성령의 상징으로 본다. 예수가 세례 요한에게 세례를 받자 성령이 비둘기 모습으로 내려왔다는 묘사에 따른 것이다. 그래서 그리스도교 관련 그림에서 흰 비둘기가 나온다면 성령을 뜻한다. 초록색 나뭇가지를 물고 있을 때도 있는데 이것은 노아의 방주 전설에서 유래한 올리브 가지이다. 이때 영어 번역을 dove만 사용을 하였다.

구약성서의 노아의 방주 이야기에서 육지가 드러났는지의 여부를 알기 위해 비둘기를 이용하였으며, 예언자 엘리야이야기에서 아합과 이세벨의 탄압을 피해 피신한 엘리야를 돌본 동물은 까마귀였다. 북유럽 신화에서 까마귀는 신들의 왕 오딘의 상징으로, 지혜를 상징하는 새로, 길조이다. 다양한 문화 매체에서 까마귀는 불길한 징조나 동물로 표현된다.

한국에서도 전통음식 중 하나인 약식의 유래가 까마귀가 임금을 암살위기에서 구했다는 설화에 근거할 정도로 친숙한 동물이다. 까마귀는 까먹다와 유사한 그 이름 때문에 건망증과 문맹의 상징으로 여겨지기도 하지만 실제로 까마귀의 지능은 높은 편이다. 칠월칠석날에 까마귀와 까치가 오작교를 만들어 견우와 직녀를 서로 만나게 하였다는 설도 있다.

한국에서는 삼지례(三枝禮)라고 하며 예의가 있어 어미가 앉은 가지로부터 아래로 셋째 가지에 앉는다는 뜻으로 부모의 지극한 효성을 나타낸다고 한다. 다리 셋 달린 까마귀 모습을 한 삼족오를 태양의 상징이라며 숭배하기도 했다. 지금도 솟대위에 올리는 새를 까마귀로 보는 지역이 있다. 이렇듯 까마귀는 하늘과 땅을 있는 존재라고 신성하게 여겼다.

영국에서는 길조로 여겨 '킹스 버드' (King' s Bird)라고 부를 정도이며, 영국에 가 보면 거의 한국의 비둘기 수준으로 널린 새가 까마귀다. 이쪽에선 오히려 까치를 반짝이는 것들을 훔치는 습성 때문에 흉조로 여기기도 한다. 또한 런던탑에는 레이븐이 적어도 6마리는 항상 거주하는데, 런던탑에서 레이븐이 없어지면 영국이 망한다는 전설 때문인 것이다.

주로 매를 길들여 사냥에 이용하는 매사냥은 검독수리에게도 해당되는 것으로, 이들을 생포한 후 길들여 사냥에 이용하는 사냥법이 일부 지역에서 진행되었다. 이것이 이루어지는 대표적인 곳은 중앙아시아로,

카자흐스탄, 키르기스스탄, 몽골과 같은 지역의 유목민들이 검독수리를 이용한 사냥을 계속하고 있다. 이러한 사냥의 전통은 청동기 시대부터다.

이러한 사냥을 하는 사냥꾼들은, 이 기술을 어린 시절부터 익히고 그 후대에 다시 익히게 하는 방법으로 대대로 전승시켜왔는데, 이 기술을 익히는 것은 한 번이 아닌 여러 단계에 걸쳐 서서히 이루어진다. 이렇게 기술을 익힌 사람만이 보다 크고, 강하고, 위험한 검독수리를 훈련시킬 수가 있는데, 이마저도 그 기술을 가르쳐준 스승의 감시 하에 행해진다.

검독수리는 현재 독일, 알바니아, 오스트리아, 멕시코, 카자흐스탄 5개국의 국조이며, 이 중 독일, 알바니아, 오스트리아는 신성 로마 제국으로부터 계승한 것이다. 또, 검독수리는 아랍 국가들의 문장으로도 널리 쓰이는데, 대표적인 예가 살라딘의 수리 문장이다. 이 영향으로, 이 문장은 이집트, 이라크, 팔레스타인, 리비아, 예멘에서 계속 사용되고 있다.

독수리류는 일부 문화권, 특히 아메리카 원주민 및 캐나다 원주민들 사이에서 라틴아메리카의 원주민들만큼이나 많은 수에 의해 종교적으로 신성시되는 새이며, 특히 독수리의 깃털은 종교 의식에 있어서 가장 중요한 역할을 하는 상징물이다. 일부 아메리카 원주민들은 독수리를 신성시하여 존경하며, 독수리의 깃털 외 다른 신체 부분 또한 신성시한다. 독수리의 깃털은 아메리카 원주민들 머리 장식으로 자주 사용되는데, 기독교의 성경이나 십자가상에 비견될 만한 중요 상징물이다. 현재

미국 정부는 독수리 깃털에 관련해 법률을 제정하여 의식에 사용하기 위해 독수리 깃털을 얻으려 할 경우 선조 대에 등록을 신청하여 미연방에 의해 정식 부족으로써 인정을 받은 원주민에 한해서만 이를 허용 한다.

삼조 중에서 비둘기는 야생 산비둘기도 있지만 많은 수가 가축화 되었다. 비둘기 고기를 식용하는 문화권도 있다. 삼조 가운데 지능이 가장 높은 새로 보이는 까마귀는 6-7세 정도 아이와 비슷한 지능을 갖고 있다고 한다. 까마귀는 머리를 써서 병 속에 줄어있는 먹이를 꺼내 먹을 만큼 영리하며 맹금류 등위에 올라타고 날아갈 만큼 지혜가 있는 것이다.

검독수리와 수리 중에 매라고 하는 새는 물론 훈련을 받아야만 하지만 사냥에 능하다. 그러나 대머리독수리는 덩치는 크지만 까마귀처럼 사체를 파먹고 산다. 한반도 강원 철원지역에 겨울이면 몽골지역에서 날아오는 겨울철새이다. 이들 세 종류는 인류이동과 관련이 있고 종교를 상징하는 경우가 흔하다. 하늘과 땅을 이어주는 사자로 숭배하는 것이다.

까마귀로 대표되는 삼족오(三足烏)에서 세 발은 바다 위에 고래의 꼬리 모양을 상상한 것으로 말하기도 한다. 일부일처를 상징하는 비둘기는 비교적 다른 두 종류와는 달리 사냥을 하지 못하기에 평화를 상징하는 새로 자리매김한 것으로 보이며 사람과 가까이에서 살고 있으며 친근감을 주고 있다. 까마귀, 독수리는 검은 색조로 인해 죽음을 상징하는 것 같다.

노랑무궁화

1만년 전경에는 한반도 중부 이남지역과 일본열도에 분포하며 국내에서는 현재 전라남도 완도군, 고흥군과 제주도 해안가에 많이 분포한다. 국명은 한국의 무궁화 종류 중 유일한 자생식물이며 노란(노랑)무궁화라는 의미로 황근(黃槿)이라는 이름이 붙여졌다.

학명(Hibiscus hamabo)이고 아욱과(Malvaceae)에 속한다. 법적보호종이며 멸종위기 종II급에 해당한다. 식물체는 높이가 1-2m 내외이며, 낙엽 활엽 관목이다. 잎은 어긋나고 원형 또는 넓은 달걀형의 잎 가장자리의 톱니는 둔한 형태이다. 노란 색 꽃은 6-8월 사이에 가지 끝부분의 엽액에서 1개씩 피며, 열매는 8-9월에 결실한다.

바닷가 주변의 저지대 바위틈이나 퇴적층, 갯벌의 점질 토, 자갈과 토양 혼합지역에 주로 분포한다. 남방계식물로 한국이 분포의 북한계선이며 분포고도는 3-30m 사이에서 자란다. 온대지방에서 여름에 피는 꽃나무는 거의 없는데, 이 꽃은 7-10월에 약 100일 동안 계속하여 화려한 꽃을 피운다.

여름날 아침 이슬을 머금고 햇살을 받으며 차례차례로 피어나는 무궁화 꽃은 참으로 신선하고 아름답다. 배롱나무 등과 함께 이 계절을 대표하는 꽃으로 꽃이 크고 단정하며 독특한 아미를 느끼게 한다. 원래 일일화이지만 여름에서 가을까지 긴 기간에 걸쳐 계속 핀다고 하여 무궁화라는 이름을 가지고 있다.

무궁화는 관습적으로 나라꽃 국화로 여겨온 아욱과의 낙엽관목이다. 한반도에 무궁화가 많이 자라고 있었다는 가장 오래된 기록은 ≪산해경≫에서 찾아볼 수 있다. 이 책은 기원전 8-3세기 춘추전국시대에 저술된 지리서라고 전하여 내려오는 문헌으로, 동진 때 곽박이 그 때까지의 기록을 종합, 정리한 것이다. 이 책에 "군자의 나라에 훈화초가 있는데, 아침에 피었다가 저녁에 진다(君子之國 有薰花草朝生暮死)."라는 기록이 있다.

우리나라 최초의 화훼에 관한 전문서적이라 할 수 있는 세종 때 강희안의 《양화소록》에는 무궁화에 대한 언급이 없다. 그러나 《화암수록》에 실려 있는 강희안의 〈화목구품〉에서는 무궁화를 9품에 넣고 있다.

화암의 《화암수록》 〈화목구등품제〉에서는 목근이란 이름으로 8등에 올리고 또 〈화개월령〉에서는 6월의 난에 넣고 있으나 〈화품평론〉에서는 그 설명이 빠져 있다. 〈화목구등품제〉의 목근조에는 다음과 같이 설명하고 있다.

단군이 개국하였을 때 목근화가 비로소 나왔으므로 중국에서 우리나라를 일컫되 반드시 근역(槿域)이라 불렀다 한다. 속명 무궁화라 한다.

일본의 ≪왜기≫에는 "무궁화는 조선의 대표적 꽃으로서 무려 2,100여 년 전 지나(支那)에서도 인정된 문헌이 있다. 고려시대에는 전 국민으로부터 열광적 사랑을 받았으며, 문학적 · 의학적으로 진중한 대우를 받았다. 일본의 벚꽃, 영국의 장미와 같이 국화로 되어 있다가 조선조에 들어와 왕실화가 배꽃으로 정해져 무궁화는 점차로 세력을 잃고 조선 민족으로부터 소원해졌던 것이다. 20세기의 문명이 조선에 들어옴에 유지들은 민족사상의 고취와 국민정신의 통일에 노력하여, 붓과 말로 천자만홍의 모든 꽃은 화무십일홍이로되 무궁화는 여름과 가을에 걸쳐 3, 4개월을 연속해 핀다고 하여, 그 고결함과 위인적 자용을 찬미하였다. 따라서 무궁화강산 운운은 자존된 조선의 별칭인데……"라는 기록이 있어, 우리 민족과 무궁화의 관계를 잘 나타내고 있다.

1935년 10월 21일 ≪동아일보≫ 학예란에 '조선의 국화 무궁화의 내력' 이라는 제목 아래 "아마 지금으로부터 25년 전 조선에도 개화풍이 불어오게 되고 서양인의 출입이 빈번해지자 당시의 선각자 윤치호 등의 발의로 양악대를 비롯하여 애국가를 창작할 때 애국가의 뒤풀이에 '무궁화 삼천리 화려강산' 이라는 구절이 들어가면서 무궁화는 조선의 국화가 되었다.

안창호 등이 맹렬히 민족주의를 고취할 때 연단에 설 때마다, 가두에서 부르짖을 때마다 주먹으로 책상을 치고 발을 구르면서 무궁화동산을 절규함에, 여기에 자극을 받은 민중은 귀에 젖고 입에 익어서 무궁화를 인식하고 사랑하게 되었다."라는 기록이 있다. 이후로 '무궁화 삼천리 화려강산' 이라는 말은 우리 한민족의 가슴 속에 조국에 대한 영원한 사랑의 뜻으로 남게 되었다.

꽃 색깔은 순백색의 꽃과 순백색 이외의 꽃 등으로 분류할 수 있는데, 순백색 이외의 무궁화는 전부 화심부에 붉은색을 가지고 있어 우리나라에서는 오랜 옛날부터 단심이라 불러왔다. 무궁화 배달은 배달계로 홑꽃이며 순백색의 꽃으로 국내육성종이다.

그러나 무궁화는 단심만 가지고 있는 것이 아니라 단심을 가지고 있으면서 꽃잎 한 옆으로 붉은색의 띠를 가지고 있는 것도 있다. 이 때문에 색깔의 분류도 크게 나누면 순백색, 단심을 가지고 있는 것, 단심을 가지고 있으면서 붉은색 띠무늬를 가지고 있는 것 등 3종류로 구분할 수 있는데, 이를 배달계 · 단심계 · 아사달계라 부른다.

세계적으로 온대기후에서 잘 자라 백색계통, 적색계통, 황색계통, 분홍색계통 등 다양하게 북반구 온대지역에 분포되어 있지만 황근은 마고시대부터 현대에 이르기까지 고귀하게 자라고 있는 자생종으로 추정되기에 노랑무궁화를 다른 종에 비하여 더 사랑하게 된다.

1990년대 학교현장에서 무궁화동산을 조성해 학생들과 가꾼 적이 있다. 분홍색계통의 무궁화가 대다수였는데 백단심계통의 무궁화를 심었다. 백색 단심은 국내에서 개발한 종이었다. 앞으로 기회가 된다면 만년 노랑무궁화를 중부지방에도 심어 가꾸고 싶은 꿈을 갖게 된다.

갈대, 억새와 달무리 풀

물기가 많은 곳에 무리지어 자라는 여러해살이풀이다. 연못 가장자리, 도랑, 하천 가, 강가, 바닷가 등 습하며 양지 바른 곳에서 자란다. 물이 흐르는 곳보다는 물이 고인 영역을 좋아한다. 목질 화 된 뿌리줄기로 뻗어나가며 큰 군락을 이룬다. 냉온대에서 난 온대에 걸쳐 전 세계에 분포한다.

어린 순은 식용하고 성숙한 식물은 지붕을 이거나 자리를 만드는데 사용되었다. 뿌리줄기 말린 것을 생약으로 노근, 잎 말린 것을 노엽 이라고 불리며 한방에 사용한다. 하천이나 호숫가의 조경용으로 수질정화에도 사용된다. 개체가 크고 번식력이 왕성함으로 대체 에너지원으로 사용을 한다.

16세기 초 훈몽자회에서 'ᄀᆞᆯ'로 불렀고 17세기 초 동의보감에서는 갈대 뿌리를 'ᄀᆞᆯ불휘'로 기재되었다. 다른 이름으로는 달, 갈, 깔, 노초, 노위, 문견 초, 가로, 기대 등이 있다. 꽃말은 '신의, 믿음, 지혜, 음악' 등 다양하다. 원추형꽃차례 가지에 난 짧은 꽃자루에 작은 이삭(소수)이 달려 있다.

한국 고전문학에서는 갈꽃을 한가롭고 평화스런 정경을 읊는 시재로 다루었다. 또 삼국사기에 봉상왕을 폐위하는 데 뜻을 같이 하는 사람들이 그 표지로 갈대 잎을 모자에 꽂았다고 하는 기록이 있다. 일본의 신화에 국토를 풍위원이라 한 것은 전국에 갈대가 무성하였던 데 연유를 하였다.

그리스 신화에서, 님프인 시링크스가 목신인 판에 쫓기다가 갈대로 변신하였는데, 판이 이 갈대를 꺾어 피리를 만들어 그녀를 그리워하며 불었던 데서 갈대를 음악의 상징으로 여기게 되었다. 흔히 갈대라 하면 파란 가을 하늘 아래 산들바람에 물결치듯 푸른 들판의 은 파도를 연상시켜 준다.

로마의 시인 오비디우스의 변신 이야기에 당나귀 귀를 가진 미다스 왕의 비밀을 안 이발사가 구덩이에 대고 '임금님 귀는 당나귀 귀' 라 속삭이고는 흙을 덮었는데, 구덩이 위의 갈대가 바람에 나부끼면서 이 비밀을 누설하였다는 설화가 있다. 그래 갈대는 밀고와 무분별 비유에 사용되게 되었다.

갈대로 짠 자리를 삿자리라 하며 주로 평민계급이 애용했다. 시렁을 매기도 하고 지붕을 잇기도 했으며 쪼갠 갈대로는 갈삿갓도 만들었는데 이것을 위립, 노립이라 하였다. 또 붓대롱도 만들었으며, 잎으로는 종이를 떴는데 이것을 노지라 했다. 갈대로 그물도 짰으며 이것을 위 책이라 하였다.

갈대는 생활에 활용을 한다. 티티카카 호에서 조그만 관광 여객선을 타고 10여 분 만에 '토토라' 라고 하는 갈대로 만든 우로스 섬에 도착했다. 두껍게 깔아 놓은 갈대 섬이 여기저기 있고 각 섬마다 여러 채의 갈대집이 있었다. 배에서 내려 걸어 보니 푹신푹신한 짚 더미 위를 걷는 느낌 이었다.

집 밖에서는 원주민 여인이 솥과 항아리, 식기 등을 늘어놓은 채 음식을 하고 있었다. 몇 개의 옷가지들과 사진이 걸려 있는 집 안에서는 소년이 침대 위에서 기념품을 만들고 있었다. 형광등에다 궤짝 위에 TV까지 놓여 있는 것을 보고 주위를 살펴보니 집 옆에 소형 태양광 발전기를 세웠다.

애굽 산 파피루스로 만든 배는 나일 강에서 매우 빨리 달리는 배 가운데 하나였다(사 18:2). 나일 강 지류에는 크고 작은 폭포들이 많고 물의 흐름이 급하게 바뀌는 구간들이 많아 이런 급류의 충격을 잘 흡수하고 신속하게 이동하기에는 갈대배가 안성맞춤이었다. '빠른 배' (욥 9:26)로도 표기된다.

우리 인간은 연약하다. 상한 갈대는 문자적으로 '부러진 갈대' 란 뜻이다. '죄로 인해 위기와 절망에 처한 존재' 를 의미한다. 메시야는 이런 자들을 외면치 않으시고 긍휼과 사랑을 베푸시며 구원하신다(사 42:3). 한편에 이 말은 무기력하고 허탄한 애굽을 비유적으로 나타내기도 한다(왕하 18:21).

생각하는 갈대는 프랑스의 사상가 B.파스칼이 인간을 비유하여 한 말이다. 그의 사상을 집약적으로 표현한 팡세의 서두에서 '인간은 자연 가운데서 가장 약한 하나의 갈대에 불과하다. 그러나 그것은 생각하는 갈대이다.' 이것은 성서 가운데 '상한 갈대' (마 12:18-22, 사 42:1-4)에서 유래한다.

갈대와 억새 그리고 달무리풀은 헛갈리기가 쉽다. 갈대는 바닷가, 강가, 습지 등에 많이 자라며 마디가 굵고 이삭이 암 갈색 빛을 띠는 반면에 억새는 높은 산언덕이나 냇가에 자라면서 부드러우면서 은빛을 띤다. 그리고 달무리 풀은 냇가 모래밭에 줄을 뻗어 나가면서 중간에 뿌리를 내리는 특성을 가지고 있다. 잎에 손가락을 베는 경우가 있기에 조심을 해야 한다.

파와 마늘, 파종

播자는 手(손 수)자와 番(갈마들 번)자가 결합한 모습이다. 番(번)은 밭에 씨를 뿌리는 뜻의 본디 글자이다. 나중에 원뜻이 쓰이지 않게 되었으므로 재방변(扌(=手)손)部를 보태어 播(파)를 만들고, 뿌리다의 뜻으로 쓰였다. 그런데 금문에서는 攴(칠 복)자와 釆(분별할 변)자가 이미지다. 여기서 釆자는 동물의 발자국을 그린 것이다. 그러니 이것은 몽둥이를 들고 동물을 뒤쫓는 모습을 표현한 것이었다.

소전에서는 釆자가 番자로, 攴자는 手자로 바뀌면서 지금의 播자가 만들어지게 되었다. 본래 '달아나다' 나 '도망하다' 로 쓰였지만, 후에 동물의 발자국이 이리저리 흩어져 있는 모습에서 '퍼뜨리다' 나 '뿌리다' 는 뜻이 파생되었다. 그리고 도와주어서 혜택을 받게 하다. 널리 미치게 하다는 뜻도 있다.

種자는 禾(벼 화)자와 重(무거울 중)자가 결합한 모습이다. 음을 나타내는 重(중→종)과 곡식(禾)을 얻기 위하여 그 씨를 심는다는 뜻이 합하여 「씨」를 뜻한다. 나중에 種(종 늦되는 벼)과 穜(동 심는 일)을 나누어 생각하였으나 옛날에는 重(중)을 童(동)으로 쓰는 일이 많았다.

童(동)은 본디 노예 · 종을 일컫고, 重(중)도 童(동)도 천천히 힘 드는 일이 계속되고 있음을 나타낸다. 重자는 등에 무거운 봇짐을 지고 있는 사람을 그린 것으로 '무겁다' 라는 뜻이 있다. 이렇게 무거운 짐을 메고 있는 사람을 그린 重자에 禾자가 더해진 種자는 볍씨를 등에 짊어지고 있다는 뜻을 표현한 것이다. 생물 분류의 가장 기초가 되는 단위 비슷한 종이 모여 속을 이루고, 또 종의 상이에 의해, 아종 · 변종으로 나눈다.

파는 백합과의 다년 생 경 채류의 채소.

잎은 녹색이고 줄기는 백색이다. 꽃줄기의 높이는 70cm 정도이며, 잎은 둥근기둥 모양으로 속이 비고 끝이 뾰족하다. 여름에 종 모양의 흰 꽃이 줄기 끝에 산형화서로 빽빽하게 모여 피고 씨는 모가 나고 검게 익는다. 특이한 냄새와 맛이 있어 약용하거나 식용을 하고 항균작용이 있다. 중앙아시아가 원산지로 동양과 온대 지방에 널리 분포한다.

실파, 대파, 골파, 양파 등 파의 종류가 많다. 파의 특유한 냄새는 황화알릴에 의한 자극성분에 의한다. 조리 시 향신료로서 자극성의 향기가 있고 약간 달면서도 매운 맛을 내는 조미료이다. 삼국유사에는 파 잎 파리를 불며 놀던 아이가 앞을 보지 못하게 되었다는 기록이 전해지고 있다. 자극성이 많이 있다.

우리 조상들이 당시에 파를 재배해 식생활에 널리 이용하였다는 것과 그 자극성이 강하였다는 것을 알 수 있다. 파의 매운 맛과 싱그러운 향내는 열을 받으면 날아나기 때문에 음식물을 끓인 다음 마지막에 넣었다. 파의 향내와 매운 맛은 끓이면서부터 악화되어 탄수화물에 의해 단맛이 잘 느껴지므로 이러한 특성을 살려서 지짐, 쇠고기 탕, 팟국 같은 음식을 만들 때에는 파를 곱게 다져넣었다.

김치에 파를 넣을 때에는 무채 치듯이 채를 치며 찌개, 조림에는 좀 굵게 썰어 넣었다. 국에는 통파를 토막 내서 넣었고 양념장을 만들 때와 나물무칠 때에는 곱게 다져 넣었다. 파는 실 모양으로 가늘게 썰거나 갖가지 모양을 만들어 고명으로 썼다. 파는 무궁화, 제단과 함께 우리민족과 관련이 많다.

마늘은 한자어로는 산(蒜)이라 한다. 흔히 재배하는 식물로 전체에서 독특한 향기가 나며 뿌리는 얕게 뻗고 줄기 끝에 인경을 형성한다. 인경은 연한 갈색의 껍질 같은 잎으로 싸여 있으며, 안쪽에 5, 6개의 소인경이 들어 있다. 화경은 높이 60㎝로 3, 4개의 잎이 어긋나며 잎 밑 부분이 엽초로 되어 서로 감싼다. 7월에 잎 속에서 화경이 나와 연한 홍자색의 꽃이 핀다.

원산지는 중앙아시아나 이집트로 추정된다. 특히, 이집트에서는 서기전 2,500년경에 축조된 피라미드 벽면에서 피라미드를 축조한 노무자에게 나누어준 마늘의 양에 관한 기록도 출토되었다. 우리나라는 단군신화뿐 아니라 '삼국사기' 에도 기록된 것으로 미루어 재배의 역사가 긴 것으로 추측된다.

단군신화에 나오는 마늘도 연대와 내용으로 미루어 야산이나 산산(산달래)이었을 것으로 추측되고, '삼국사기' 에 기록된 산은 "입춘 후 해일에 산원에서 후농제를 지낸다."라는 내용으로 미루어 재배되고 있던 마늘로 여겨진다. '동의보감' 에서는 대산은 마늘, 소산은 족지, 야산은 달랑괴로 구분하였다.

동음이의어인 파(派)는 주의, 사상, 또는 행동 따위의 차이에 따라 갈라진 사람의 집단이다. 같은 갈래에서 갈리어 나온 계통이다. 파(波)는 잔물결과 큰 물결, 바람 따위로 일어나는 수면의 고저 운동, 물체가 울퉁불퉁하게 되어 있는 상태, 공간의 한 점에 생긴 물리적인 상태의 변화가 차츰 둘레에 퍼져 가는 현상으로 수면에 생기는 파문이나 음파, 빛 따위를 이른다.

파(破)는 깨어지거나 상한 물품, 사람의 결점, 풍수지리에서, 혈(穴) 안의 물이 흘러간 곳이다. 파(par)는 골프에서, 홀(hole)마다 정하여 놓은 기본 타수이다. 파는 인디언의 아파치의 '파자', 아버지의 '벗자와 같은 의미로 고대한국어에서 아버지를 나타내기도 하였다. 영어의 Father의 ' 화자 '도 마찬가지며 Pope의 ' 포자 '도 파자와 관련이 있다.

만나와 능이버섯

만나라는 이름은 이스라엘 백성들이 아침에 일어나 땅 위에 있는 만나를 처음으로 보고 서로 물었던 질문으로 기록되어 있다. 이게 무엇이냐? 하고 물었다. 모세가 그들에게 말하였다 이것은 여호와께서 너희에게 먹으라고 주시는 양식이다.

이것이 무엇이냐 라는 히브리어는 '만 후' (man hu)로서 '만나' (manna)라는 명칭은 바로 이 단어에 기원을 두고 있다. 즉 '무엇이냐' (what)라는 뜻의 히브리어 '만' (man)을 그리스어로 '만나' 라고 번역한 데서 그 명칭이 유래하였다.

성경에서 말하는 만나에 대하여 주변의 베두인(Bedouin) 사람들은 '하늘로부터의 만나' (만 에스 사마)라고 부른다. 이것은 고대 이집트어로서 식량을 의미하는 '만누(mannu)' 또는 같은 의미의 아랍어 '만(mann)' 에서 온 것인지는 알 수 없다.

만나는 하늘의 양식이다. 모세는 아론에게 단지 하나를 가져다가 만나 한 오멜을 담아 대대로 야훼 앞에 보관하게 하였다. 만나는 모래알(약3mm) 크기의 쌀가루 같은 것이었다.

만나는 갈고 찧고 삶기도 하여 과자를 만들었다. 맛은 기름이나 꿀을 섞은 과자와 같았다고 증거하고 있다. '밤에 이슬이 내릴 때, 만나도 내리고, 무리가 아침마다 각기 식량대로 거두었고, 해가 뜨겁게 쪼이면 그

것이 녹아버린다.' 라고 서술하고 있다. 그리고 만나를 버섯류로 말하는 이들도 있다. 능이버섯은 버섯 중에 표고, 송이 등과 함께 우리나라 사람들이 즐겨 먹는다. 산에서 버섯을 채취할 때는 독버섯도 있기 때문에 전문가들의 도움을 받아야 한다.

능이는 균모의 지름은 10-20cm이고 자실체의 높이는 10-20cm로 나팔꽃처럼 핀 깔때기 모양이다. 가운데는 줄기의 기부까지 깊숙이 뚫려 있다. 표면에는 거칠고 위로 뒤집혀진 각 모양의 인편이 밀생한다.

전체가 분홍색, 연한 갈색이며 홍갈색 또는 흑갈색을 거쳐 건조하면 흑색으로 된다. 살은 연한 홍백색인데 건조하면 회갈색으로 되며 육질이다. 아랫면의 침은 길이 1cm 이상으로 자루의 아래까지 있다.

자루의 길이는 3-6cm이고 굵기는 1-2cm로 표면은 매끄럽고 균모보다 연한 색이다. 포자의 지름은 5-6㎛로 아구형이며 연한 갈색이며 사마귀점 같은 것이 있다.

건조하면 강한 향기가 나는 귀중한 식용균이다. 발생은 여름에서 가을 사이에 활엽수림의 땅에 열을 지어 군생한다. 향 버섯으로 향기가 독특하고 쓴맛이 있다. 시골에서는 소화제로도 사용한다.

능이버섯은 색깔이 검고 향기가 진해 오래 전부터 고급요리에 이용되어 왔으며, 채식요리의 진귀한 채소로 쓰는 외에 민간에서는 육류를 먹고 체했을 때 소화제로 이용하였고 현대에서는 추출물을 이용하여 화장품의 원료로 사용하고 있다.

능이버섯회는 능이버섯을 끓는 물에 살짝 데쳐낸다. 데쳐 낸 능이버섯을 사기그릇에 담고 간장, 고추장, 고춧가루, 다진 파, 다진 마늘, 엿, 참기름, 깨소금, 식초, 실고추를 넣어 만든 양념 초고추장을 곁들인다.

요즘 들어 부쩍 날씨가 쌀쌀해지면서 따끈하게 먹을 수 있는 보양음식들을 자주 생각하고는 하는데, 관광지 아닌 관광지 쪽에 자리 잡고 있던 터이기에 한방능이백숙의 가격이 저렴한 편은 아니었지만, 그만큼 밑반찬들도 깔끔하고 정갈하게 담겨 나와 어른들이 좋아할만한 곳이었다.

다른 곳들이랑은 다르게 뚝배기 같은 그릇에 담겨 나오다보니 열전도율이 높아 한참 바글바글 끓여놓은 상태로 살짝만 불을 줄여도 오랫동안 따뜻하게 먹을 수 있어서 좋았다. 이 날 먹었던 한방능이백숙은 한방의 향보다는 능이의 향이 훨씬 더 강해서 능이백숙이라고 이야기하는 게 더 정답에 가깝다고 이야기할 수 있겠다. 국물의 색은 누가 봐도 능이의 색감이었다.

오리고기도 한방능이백숙 국물에서 푸욱 잘 끓여져 뼈와 살이 쉽게 분리되었다. 단순히 국자로 고기들을 건져 올리는 데도 뼈와 살이 분리될 정도로 잘 끓여져있어서 치아가 안 좋은 어르신들도 쉽게 편하게 먹을 수 있는 곳이었다.

한방능이백숙은 복날에 보양식을 먹으려고 많이 찾는 음식 중 하나이지만, 저 같은 경우 평소에도 가끔씩 생각이 나서 일부로 찾아가서 먹는 음식이기도 하였다. 한국인이라면 항상 마무리로 먹는 찹쌀 죽이었다. 이 집은 특이하게 그냥 찹쌀 죽이 아닌 녹두를 활용해 찹쌀녹두죽을 만들어주셨다. 사소하게 넘어갈 수 있는 부분도 신경 써주는 곳이다 보니 은근히 매리트가 있었다.

한방능이백숙에서 우러나온 국물과 녹두죽의 케미가 은근히 잘 어울렸다.

체온의 기준

溫자는 溫(온)의 본 자이다. 뜻을 나타내는 삼수변(氵(=水, 氺)물)部와 음을 나타내는 글자 온(접시에 먹을 것을 담은 모양→따뜻함)이 합하여 이루어진다. 따뜻한 물이라는 뜻이 합하여 「따뜻하다」를 뜻한다. 물이 따뜻하다→따뜻하다의 뜻이다. 나중에 囚(수 죄수)와 皿(명 접시)의 모양에서 죄수에게 먹을 것을 주듯 하는 따뜻한 마음이 글자의 기원이라고 해석하기도 하고, 溫水(온수)라는 강 이름이라고 생각하는 설도 있다. 그러나 갑골문을 보면 수증기가 올라오는 큰 대야에서 몸을 씻고 있는 사람이 이미지다. 후에 글자가 바뀌면서 수증기는 水자가 되었고 대야에 들어가 있는 사람은 囚자와 皿자로 표현되었다.

度자는 뜻을 나타내는 엄호(广 집)部와 음을 나타내는 庶(서→도)의 생략형이 합하여 이루어진다. 庶(서→도)의 생략형은 많은 것→여러 가지 사항, 又(우)는 손→손으로 헤아리는 일, 길이를 재는 여러 가지 단위의 총칭의 뜻이 합하여 「법도」를 뜻한다. 여기서 廿자는 돌멩이를 표현한 모양자이다. 이렇게 돌멩이를 그린 廿자에 又자가 결합한 度자는 집 주위로 돌멩이를 던지는 모습을 표현한 것이다. 본래 '헤아리다' 라는 뜻을 위해 만든 글자였다. 그래서 큰 집을 뜻하는 广자에 돌멩이와 손을 함께 그려 돌멩이를 멀리 던져 길이를 잰다는 뜻을 표현하였다. 고대에도 길이나 무게는 국가가 정한 기준을 따라야 했다.

체온은 신체 내부의 온도로 신체의 부위에 따라 매우 차이가 있지만, 항문에서 6cm 이상 들어간 곳에서 측정한 직장의 온도를 표준체온으로 한다. 인간의 정상 체온은 겨드랑이온도로 36.9℃라고 하며, 소아는 성인보다 약간 높고, 노인은 낮은 경향이 있다.

폐는 늘 호흡으로 찬 공기와 접하므로 체온이 비교적 낮고, 간과 같이 끊임없이 열을 생성하는 곳은 체온이 높다. 혈액은 신체의 내부를 끊임없이 순환하고 있으므로 혈액의 온도를 표준체온으로 해야 한다는 설도 있으나, 혈액의 온도도 반드시 똑같지는 않다. 예를 들면, 심장의 좌심실 혈액의 온도는 폐에 의해서 냉각되기 때문에 우심실 혈액의 온도보다 낮다.

학술적으로는 체온을 신체의 주요 내장의 온도로서, 의미가 없는 우연한 변화를 하지 않는 곳의 온도이다. 그러나 임상적으로 언제나 직장 온도를 잰다는 것은 곤란한 일이기에, 이것 대신에 겨드랑이의 온도를 잰다. 그 이유는 상완을 흉벽에 밀착시키면 겨드랑이가 공동이 되고, 그 안의 온도는 신체 내부의 온도에 가까워진다는 것과 측정하기가 편리하다는 것 때문이다. 그러나 일정한 온도에 이르기까지에는 적어도 20분 이상 걸린다. 최근에는 주로 구강의 온도를 측정하는데, 체온계를 혀밑에 넣은 채 입을 다물고 측정한다. 이 경우는 약 5분으로 거의 일정한 온도가 됨으로서, 임상적으로는 구강 검온이 편리하다.

이 밖에 체온을 변동시키는 것으로는, 식사로 0.2-0.3℃ 높아지고, 심한 운동으로 40℃에 이르기도 한다. 주위온도의 변화에 의한 영향은 실험적으로는 대체로 10℃에 대하여 0.7℃ 상승한다고 하나, 계절에 의한 변동은 불과 얼마 안 되며, 여름과 겨울에 0.5℃ 정도의 차이가 있는 데 지나지 않는다. 체온의 최고한계는 보통 열병에서는 42℃ 정도이나, 어떤 질병에서는 44.7℃나 된다는 보고가 있으므로 44℃에서는 생명을 유지할 수 있는 것 같다. 낮은 쪽에서는 24℃에서 소생한 예가 있다. 사람 등과 같은 정온동물의 체온이 일정하게 유지되는 것은 체내에서의 열의 발생과 방산이 평형을 유지하고 있기 때문이다.

이와 같이 체온조절을 하는 중추가 시상하부에 있다. 이 중추는 피부에 있는 온도수용기로부터 오는 구심성 임펄스에 의해서 자극이 주어질 뿐만 아니라, 그 곳을 흐르는 혈액의 온도변화를 직접 느낀다. 예를 들면, 실험적으로 시상하부로 가는 혈액을 따뜻하게 하면 열방산기전이 작동하기 시작하여 체온이 내려가지만, 반대로 냉각시키면 체온이 상승한다. 따라서 시상하부는 항온기(thermostat)와 비슷하여, 체온의 큰 변동을 자동적으로 방지한다. 요즘 코로나 시국을 맞아 가는 곳마다 여러 가지 방식으로 체온을 재고 있다. 대개 36℃-37℃ 이지만 발열이 심할 경우 많은 제약을 받게 되며 코로나 확진 검사를 받는다.

'체온이 높다' 라고 표현하면 대부분 몸에서 열이 나는 아픈 상황을 떠올리게 된다. 평균적인 체온은 36.5도 라고 알려져 있지만, 모든 사람이 같은 체온을 유지하는 것은 아니다. 최근에는 오히려 이 보다 낮은 체온을 갖고 있는 현대인들도 주위에 많이 있다. 온혈척추동물에 속하는 인간은 체온이 내려가면 혈액 순환 및 신체 내부의 각종 장기 및 순환기 활동이 저하되면서 근육과 관절이 굳어져서 각종 질환 및 관절 통증을 발생시키고 심할 경우 심근경색의 원인이 되기도 한다. 체온은 너무 올라도 문제지만 너무 낮아도 문제가 되기 때문에 적절한 체온이 늘 유지되도록 관리해야 한다. 체온 1℃는 면역력에 중요하다.

교회 예배당이나 학교, 기관을 들어갈 때면 몇 가지 방법으로 발열체크를 한다. 일단 기준이 넘으면 들어갈 수 없다. 손소독제를 바르고 들어가야 한다. 코로나가 최고치 1,000명을 넘어서 발생하고 있는 현실이 두렵기까지 하다. 속히 코로나 백신과 치료제가 개발되며 나라와 세계 모두 종식이 되기를 소망해 본다.

불을 활용하는 동물

도구를 사용하는 동물은 인간 말고도 침팬지, 까마귀 등 제법 있다. 그렇다면 불을 도구로 사용하는 동물은? '인간이 유일하다' 는 게 상식이라고 우리는 믿어왔다. 하지만 이 상식은 이제 편견으로 물러나게 되었다. 매, 솔개 등 맹금들이 사냥에 불을 사용하는 놀라운 일이 목격되었기 때문이다.

호주 원주민의 구전설화에는 새가 불을 나르는 사례가 많고, 전통의식 중에도 그러한 새들의 행위를 묘사하였다. 솔개, 휘파람 솔개, 갈색매 등 3종의 맹금이 산불이 날 때마다 모여들었다. 이들은 불이 붙은 덤불 주위를 맴돌다가 불길을 피해 덤불에서 뛰쳐나오는 도마뱀과 곤충 등을 잡아먹었다.

맹금은 여기에 그치지 않고 직접 불을 질러 사냥하기도 했다. 불타는 작은 나뭇가지를 발톱이나 부리로 집어 덤불에 던져 먹이들이 불을 피해 덤불에서 나오도록 하는 것이다. 맹금들이 산불을 이용할 뿐 아니라 심지어 불을 질러 먹이 사냥에 이용한다. 불을 통제하는 법을 터득하고 있는 것이다.

숲에서 두 발로 걷는 동물 하나가 나뭇가지를 모아 온다. 검은 털과 평평한 이마, 구부정하고 사람과 비슷한 체격이다. 나무를 쌓은 뒤 라이터를 들고 불을 붙인다. 불은 활활 타오르고, 열기가 전해졌는지 잠깐 몸을 비키던 동물은 마시멜로를 나뭇가지에 끼워 구워 먹는다. 놀라운 일을 한 건 보나보다.

그의 이름은 '칸지' 이다. 이 세상에서 가장 영리한 동물을 꼽으라면, 단연코 꼽힐 주인공이다. 칸지는 언어 사용, 도구 제작 그리고 불 만들기 '3종 세트' 를 완성했다. 그간 인간만이 할 수 있다고 내세웠던 것들이다. 칸지는 순수 '야생동물' 이 아니다. 1980년 미국의 여키스영장류 연구센터에서 태어났다.

불은 동물에게 뜨겁고 무서운 존재일 뿐이다. 인간이 사용하는 것을 보고 흉내 내어 불을 이용해 뭔가를 할지는 모르겠지만 문화로서 불을 사용하는 일은 없다. 인간 역시 과거에는 불이 무서운 존재에 불과했으리라 생각된다. 하지만, 언제부터인가 불이 문화의 하나로서 인간에게 받아들여졌을 것이다.

'고기를 굽고 채소를 삶고 국을 끓이고.' 엄마 손을 거쳐 밥상에 차려진 음식은 보기만 해도 배가 부르다. 벌건 고깃덩어리는 맛있는 구이, 쓴맛이 돌던 채소들은 맛깔나게 변한다. 그 때문에 사람들은 기운 없을 때 '엄마가 해준 밥, 집 밥' 을 먹고 싶어 한다. 요리가 우리에게 주는 것은 맛뿐만 아니다.

이보다 더 중요한 것은 불로 요리한 화식이 '인간을 인간답게 만들었다' 는 점이다. 거대한 뇌를 운영하는 데 필수적인 '요리' 파스칼은 인간을 '생각하는 갈대' 라 하였다. 바람에 흔들리는 갈대처럼 나약하지만 지적능력 덕분에 어떤 동물보다 강하다. 이런 지적능력이 '거대한 뇌' 서 나왔다는 건 잘 알려졌다.

불에 익힌 고기가 날고기보다 소화하는 데 에너지를 적게 필요하다. 생식을 위주 '진화 식단' 실험에서도 참가자들의 체중은 급격하게 줄어들었고, 또 다른 실험에서 생식을 하면 번식 기능도 줄어들었다. 원시 야생에서 건강하게 후손을 이어가는 데 익힌 음식이 중요하였을 걸 보여주는 중요한 대목이다.

영국 작가 제임스 보스웰은 "나에게 인간을 정의하라면 '불로 요리하는 동물' 이라고 하겠다. 요리하는 동물은 없다." 인간의 역사에 획을 그은 사건들은 많이 있다. 언어를 개발하고 농업혁명, 산업혁명을 일으키며 현재의 문명을 이룩했다. 이 모든 일의 시작은 불을 발견하고 소유하게 된 사건일 것이다.

인간은 어떻게 불을 발견할 수 있었을까? 불은 어떤 식으로 인간의 진화에 영향을 끼쳤을까? 〈요리 본능〉(조현욱 역, 사이언스 북스)은 불과 인간의 관계를 통해서 진화의 수수께끼에 다가간다. 저자 리처드 랭엄은 침팬지 연구와 더불어 고고학, 생물학 등의 연관 학문을 통하여 이를 추적하여 나간다.

브리야사바랭은 불로 요리하기가 인간의 속성에 핵심적인 영향이다. "인간이 자연 그 자체를 길들인 것은 불을 통해서다. 불로 요리하기 시작한 뒤로 고기는 더욱 탐나고 귀중한 대상이 되었고, 그 결과 사냥이 새로운 중요성을 지니게 되었다. 사냥은 주로 남성이 맡고 요리하는 역할은 여성이 맡았다." 고 한다.

불은 물질이 열이나 빛을 내면서 타는 현상 또는 그때 생기는 열, 빛, 불꽃이다. 성경 시대에는 모든 초목과 가시덤불 등을 사용해 불을 피웠으며, 또 숯을 만들어 사용하기도 했고, 가난한 자들은 땔감을 주워 불을 피웠다. 또 절박한 상황에서는 인분을 건조시켜 연료로 사용하기도 했다. 그리고 안식일에는 불을 피워 취사하는 것이 금지되었고, 불을 얻는 것이 힘든 일이었으므로 숯 등을 통해 불씨를 보존해 두는 관례가 있었다.

차령산맥

태백에서 발원하는 남한강과 충주 중앙탑이 있을 만큼 차령산맥은 한반도의 허리에 해당한다. 태백산맥의 오대산 부근에서 분기되어 충청남도의 중앙부를 거쳐 서해안의 금강 하구인 서천에 이르는 중국 방향의 구릉성 산맥이다. 산맥의 길이는 약 250㎞이며, 평균 고도는 600m 정도이다.

오대산으로부터 강원도와 충청북도가 경계를 이루는 지점까지에는 계방산(1,577m), 회령봉(1,309m), 홍정산(1,277m), 태기산(1,261m), 치악산(1,288m) 등의 높은 봉우리들이 이어진다. 높이 1,261m로 횡성군에서 가장 높다. 본래는 덕고산(德高山)이었는데 삼한시대 진한의 마지막 왕인 태기왕이 산성을 쌓고 신라에 대항하던 곳이라 하여 이름을 고쳐 부르게 되었다.

태기산에서 발원하는 갑천도 원래는 주천이었으나 태기왕이 박혁거세의 추격을 받아 산으로 들어올 때 더러워진 갑옷을 씻었다 하여 이름을 고쳐 부르게 되었다고 한다. 이밖에도 이 지역 일대의 지명은 태기왕과 관련된 이름이 많다. 산 정상에는 길이 약 1km의 태기산성과 태기산성비가 있고 신라 선덕여왕 16년에 자장율사가 창건한 봉복사가 있다. 산성 주변에는 허물어진 성벽과 집터, 샘터가 남아 있으며, 산 아래 봉평면에는 '메밀꽃 필 무렵' 의 작가인 이효석 생가가 있다.

꿩의 전설이 내려오고 있는 치악산은 조선 시대에는 오악신앙의 하나로 동악단을 쌓고 원주 · 횡성 · 영월 · 평창 · 정선 등 인근 5개 고을 수령들이 매년 봄 · 가을에 제를 올렸다. 또 많은 승려와 선비들의 수련장으로 사찰과 사적이 많다. 공원 면적은 182.09㎢이고, 산세가 웅장하고 아름다우며 많은 문화유적이 있어 1973년에 도립공원으로 지정되었다가 1984년 국립공원으로 승격되었다.

이 산들 사이의 운두령(1,080m)은 평창군 진부면과 홍천군 내면을 연결하는 주요 통로이며, 둔내터널은 영동고속도로에서 가장 높은 곳에 위치한다(920m). 치악산 부근에는 중앙선의 루프식 터널과 십리굴(3.75㎞)이 있다. 이 밖에도 횡성과 안흥 사이의 전재(513m), 원주시제천 사이의 치악재(450m), 원주시와 충주시 사이의 양아치고개(390m) 및 제천시와 충주시 사이의 박달재 등이 주요 고개이다. 이 산맥은 충주 부근에서 남한강의 횡단으로 분리되는데, 서남부는 점차 고도가 낮아져 구릉성 산지를 이룬다. 경기도와 충청북도의 경계 부분에는 오갑산(609m) · 국망산 770m) · 덕성산(521m) · 서운산(547m) 등이 있고, 경기도 안성과 충청북도 진천 사이에는 엽둔재(360m)가 있다.

충청남도를 남동부와 북서부로 자연 경계 짓는 이 산맥은 광덕산(699m) · 칠갑산(561m) · 무성산(614m) · 성주산(680m) · 금계산(575m) 등으로 이어진다. 또한, 지맥인 가야산맥은 남북으로 뻗어 예당평야와 태안반도를 구분하고 있다. 남한강 가까이까지 이 산맥은 큰 분수계 중의 하나로 한쪽은 북한강 유역과 다른 한 쪽은 충주 상류의 남한강 유역에 속하게 된다. 남한강을 건너기 전 영서지방에서는 주변의 산지와 잘 구분이 되지 않으며, 남한강을 건어 장호원의 오갑산(609m)이 있으나 여기서부터 상당한 구간에 걸쳐 구릉지가 형성되어서 차령산맥의 줄기를 추적하기가 어렵다.

특히 청미천과 미호천의 두 유역분지가 만나는 중부고속도로 동쪽 지역에서는 해발 200m 이하의 구릉지가 넓게 펼쳐지는데, 이 지역은 화강암대에 속한다. 산지 북서쪽의 안성 · 천안 · 아산, 남서쪽의 진천 · 청주 · 조치원 등은 화강암의 저지대에 발달한 도시들이다. 차령산맥은 산맥이라기보다는 안성천 · 삽교천 유역과 금강유역 사이에서 침식을 덜 받아 남아 있는 잔구성 산지로 보는 해석이 힘을 얻는 것은 차령산맥을 넘는 사람들이 산맥을 인식하지 못하는 경우가 많기 때문이다.

이 산맥에 속한 잔구성 산지인 계룡산(828m)은 충청남도의 최고봉으로 1968년에 국립공원으로 지정되었으며, 치악산과 칠갑산도 1973년에 도립공원으로 지정되었다. 한편 치악산은 1984년에 다시 국립공원으로 지정되었다.

차령(車嶺)은 충남 예산군 신양면과 공주시 유구읍 경계에 있는 고개이다. 높이 240m. 예산 남동쪽 11km, 공주 북서쪽 22km 지점으로 '동국여지승람' 에는 차유령으로 기록되어 있다. 차령산맥을 넘는 고개로 양장로를 이루며, 남금강의 지류인 유구천과 북서류하는 무한천이 이곳에서 발원하며, 두 하천의 분수령이 된다.

또 다른 차령(車嶺)은 충남 공주시 정안면과 천안시 동남구 광덕면의 경계에 있는 고개이다. 높이 180m. 공주 북쪽 22km, 천안 남쪽 16km 지점으로 차령산맥을 넘는 고개이다. 예로부터 이 고개를 경계로 하여 호서(湖西)와 호남(湖南) 지방을 구획해 왔으며, 금강의 지류인 정안천과 곡교천이 여기서 발원하며 두 하천의 분수령이 된다.

내가 태어난 곳은 안흥면 가천리 이다. 우리 고향에는 매화산이 있다. 차령산맥에 있는 산이다. 신선이 살던 산, 매화산은 1,085m의 꽤 높은 봉우리로 꼭대기에서 서남쪽으로 능선이 이어지다가 치악산 비로봉과 합쳐지며, 동쪽으로는 백덕산과 마주보고 있다. 치악산에 반해 그윽한 여성미를 자랑한다. 예전에 신선이 살았다고 해서 지금도 주민들은 신선봉이라 부른다. 주위에 치악산(비로봉:1,228m) · 남대봉(1,182m) · 배향산(808m) · 삿갓봉(1,030m) 등이 있다. 북쪽 기슭에는 오원저수지가 있으며, 남쪽 비탈면은 주천강의 발원지이다. 서쪽 기슭에는 구룡사 · 구룡폭포 등 명승지와 청소년수련장이 있어 관광객이 많다. 영동고속국도가 북쪽 기슭을 지나고, 중앙고속국도가 서쪽 기슭을 지나며, 원주-안흥리 간 시내버스가 운행되므로 교통은 편리하다.

매화산은 치악산국립공원 지역으로 법정탐방로가 없는 연중 출입이 금지된 곳이며 국립공원 특별사법경찰이 무단출입자 단속을 시행하고 있는 지역이다. 무단 출입자에 대한 처벌은 자연공원법 제28조에 의거 50만원의 과태료를 부과하고 있으며, 무단출입자가 산나물을 채취할 경우 자연공원법 23조에 의거 3년 이하의 징역이나 3천만 원 이하의 벌금을 내야 한다.

거시기는 머시 누다

분糞은 거름을 주다. 쓰레받기를 들고 양손으로 오물을 버림의 뜻이다. 시屎는 분비샘에서 나오는 물질로 사람의 몸에서 나오는 쌀의 뜻이다. '끙끙거리다.' 라는 의미도 포함되어 있다.

소설가 이외수의 〈감성사전〉에서는, '똥을 세상의 온갖 더러움을 홀로 안고서 성불한 길거리의 부처라.' 는 단 한 줄로 묘사했다. 똥 하루 한두 번 배안에 똥까지. 삼 만회나 넘게 경로우대증에 새겼다. 오늘도 시원하게 머시 누다. 똥 푸름에는 엄마 속이 탔지만 굵기가 바나나 모양 황금 변은 기찬 똥이다.

이 세상 모진풍파까지 헤쳐 나오며 피가 섞여 나올 때 장출혈이 의심이 된다며 전문의 치료받기도 하였지만 거시기는 그래도 머시 누었다고. 폐암으로 투병하시던 아버지 환갑을 갓 넘기신 나이에 소천하시니 마지막 한 주간은 똑똑 끊어지는 동글한 토끼 똥처럼 어두운 갈색으로 무척이나 힘들어 하셨지.

구순을 넘기시고도 정정하신 어머니 거시기는 머시 누시기에 모시고 있는 여동생이 여유롭다고. 궁중에 수백수천은 거시기 어려웠어도 매일 보는 꽃이라고 왕 거시기는 매화틀이라 하였다 하지.

사람이나 동물 입으로 들어간 음식물이 소화가 덜되어 찌꺼기로 항문을 통하여 밖으로 나오는 것을 말하고 수분이 70%정도, 소화가 안 된

음식이 20%정도, 박테리아가 나머지이다.

동네 대장간 풀무 불에 쇠붙이가 녹았을 때 나오는 찌꺼기를 쇠똥이라 하였으니, 서당에서는 먹을 갈아 붓글씨를 쓰고 남은 먹물이 말라붙어 벼루 똥이 되지.

하층 사회의 은어로 금을 가리키기도 하고, 화투 놀이에서 오동을 이르는 말이다. 화투판에서는 '어이 똥 먹어.' 라는 말도 있다. 인간관계에서는 체면이나 면목 따위가 형편없을 때 '내 얼굴이 똥이 되고 말았다.' 는 속담이 있을 정도이다. 예루살렘성에는 여러 문중에 분문糞門도 있다.

옛날부터 똥은 비료로서 우리나라뿐만 아니라 세계 각지에서 이용되었다 한다. 나일 강의 범람과 관개에 의해서 비옥한 토지를 얻었던 이집트인은 분뇨가 비료가 되는 것을 알고 있었다 한다.

인도, 그리스, 로마 사람들도 인분이나 가축의 분뇨를 비료로서 이용하였다 한다. 중국에서는 장강(양자강) 이남의 인가에 변소가 있는 것은 분뇨를 농부의 작물과 교환하기 위해서이며, 장강 이북에서는 인분을 건조시킨 후에 흙과 섞어서 밭에 뿌리고, 북경에서는 도랑에 비축해서 봄이 되면 이를 태양에 건조시켜서 비료로 사용하였다 한다.

유럽에서도 12, 13세기부터 19세기에 걸쳐서 주로 행하여진 삼포제의 농법은 삼등분한 넓은 경지의 어느 곳인가의 한 곳이 항상 휴경지로, 여기에 가축을 방목하여 토지를 쉬게 하고 가축의 똥에 의한 시비에 의해서 다시 토지를 비옥하게 하는 것을 목적으로 하였다 한다.

인도의 『마누법전』에는 음주의 벌로 소의 젖이나 분뇨를 혼합한 것을 마시게 하였는데 소는 성수이기 때문에 그 똥도 사람을 정화한다고 생각했기 때문이라고 한다. 그리고 뉴질랜드의 원주민이 똥과 개구리를 상으로 하는 자는 그 혼이 사후 낙토에 갈 수 없다고 믿은 이야기 등에서 볼 수 있다.

성경에서는 배설물은 부정한 것으로 간주되어 희생 짐승의 똥은 제사 드리기 전에 제거해야 했고, 광야 생활 때 화장실은 진영 밖에 마련해야 했다. 짐승의 배설물은 연료로 사용되는 경우도 있었는데, 성읍이 대적에게 포위되는 등 극단적인 상황에서는 인분人糞이 사용되기도 하였다 한다.

예루살렘 동남쪽 성벽 분문은 예루살렘 성내의 쓰레기와 배설물을 기드론 골짜기로 내어가는 문이었다. '똥' 은 국가가 처한 종말적 상황이나 극단적인 치욕 등을 상징하기도 한다. 사도 바울은 예수 그리스도를 아는 지식이 너무 고상하여 다른 모든 것들을 배설물처럼 여겼다고 고백하였다.

> 마태복음 15장은 "무리를 불러 이르시되 듣고 깨달으라. 입으로 들어가는 것이 사람을 더럽게 하는 것이 아니라 입에서 나오는 그것이 사람을 더럽게 하는 것이니라.(......) 베드로가 대답하여 이르되 이 비유를 우리에게 설명하여 주옵소서. 예수께서 이르시되 너희도 아직까지 깨달음이 없느냐. 입으로 들어가는 모든 것은 배로 들어가서 뒤로 내버려지는 줄 알지 못하느냐. 입에서 나오는 것들은 마음에서 나오

나니 이것이야말로 사람을 더럽게 하느니라. 마음에서 나오는 것은 악한 생각과 살인과 간음과 음란과 도둑질과 거짓 증언과 비방이니 이런 것들이 사람을 더럽게 하는 것이요. 씻지 않은 손으로 먹는 것은 사람을 더럽게 하지 못하느니라." 고 기록하고 있다.

똥 처리방법은 오랫동안 도시 사람들의 골치 덩어리였다. 생각 없이 아무데나 쌓아 놓으면 각종 세균과 더불어 날 파리 등 기타 잡것들이 득실댔고, 이는 위생상 문제가 되며 각종 질병의 원인이 되기도 했다. 고대와 중세의 몇몇 도시는 그때 기술로 배수시설과 수세식 변기 등을 구현해서 오물을 치웠지만 지금처럼 효율적인 수질 정화기술이나 오수처리시설이 있는 것도 아니어서 한계가 명확했다. 매일 '거시기는 머시누다.' 는 우리가 사용하는 변기와 오수관을 통하여 원주시하수종말처리장에 도달하여 처리가 되고 있다. 하수종말처리장에는 지인 아들이 소장으로 근무하고 있다. 참 고맙다.

공극孔隙

공극은 뚫어지거나 파낸 자리, 어려움을 헤쳐 나갈 길, 은신처로 이용된 땅굴이나 동굴, 샘물이 솟아나오는 곳, 귀신의 거처인 무저갱을 가리키기도, 허점이나 약점, 앞뒤의 논리가 맞지 않는 부분이다.

블랙홀은 질량이 아주 큰 별이 진화의 마지막 단계에서 자체 중력에 의해 스스로 붕괴되어 강력하게 수축함으로써 엄청난 밀도와 중력을 갖게 된 천체. 주변의 다른 천체를 끌어들인다고 한다. 블랙홀 속에서는 빛이나 물질, 전파 등 어떤 것도 빠져나갈 수 없다.

어느 물체에 뻥 뚫려있는 자리를 말한다. 언뜻 개념만 얼핏 떠올렸을 때에는 앞뒤가 뚫려있는 것을 구멍이라고 생각하지만 실제로 '구멍' 이라고 불리는 것들은 표면만 비어있으면 된다. 이를테면 맨홀과 같은 것은 끝부분이 막혀있는 구멍이다. 국어사전에 '뚫어지거나 파진 자리' 로 정의되어있다.

생명체에는 기본적으로 구멍이 여러 개 있다. 호흡을 위한 코, 배설을 위한 땀구멍과 요도, 소화를 위한 입과 항문, 청각을 위한 귀. 눈은 그다지 파여 있지는 않지만 안구가 따로 존재한다는 점을 고려해서 구멍으로 보기도 한다. 여성의 질을 속되게 부르는 말이기도 하다. 완전히 뚫려있는 구멍은 소화를 위한 구멍뿐인데 그런 이유로 소화 기관은 체외에 있다고 본다.

문도 열쇠로 여는 문이라면 열쇠 구멍이 있어야 한다. 오래된 소설에서는 이 열쇠구멍을 통해 문 건너편을 엿보는 장면도 있는데, 요즈음에는 열쇠 구멍이 있다 하더라도 반대편이 뚫려있지 않다.

구멍 하나만 있으면 별로 무섭지 않지만 무수히 많은 구멍이 뚫려있는 것을 보면 조금 징그럽다. 구멍보다는 몰려있다는 점에 혐오감을 느끼는 듯하다. 환(環)공포증이라는 말도 있는데 특별히 이런 공포증이 있는 것은 아니고 모든 인간이 갖고 있는 속성인 듯하다. 군집공포증이라고도 한다.

일반적으로 결함이나 손실을 비유적으로 나타내는 표현에서 유래했다. 스포츠계에서는 축구, 농구, 야구 등 구기 종목에서 수비에서 팀의 약점인 선수를 일컫는 은어로 쓰인다. 팀의 구멍으로 낙인이 찍히면 수비에서 허점을 드러내는 곳으로 계속 그쪽으로 공략하기 마련이다. 특히 농구는 공격과 수비가 명확하게 나누어지지 않고 5:5라 인원도 비교적 적은 편이고, 매치 업 상대가 정해져있는 편이라 팀의 구멍으로 낙인이 찍히면 그쪽 구멍의 상대 매치 업으로 계속 공략하게 된다.

생활에서 쓰일 때의 좀 더 일반적인 의미로는 협동이 필요한 분야에서 팀의 능률을 떨어뜨리는 존재를 일컫는다. 그 정도가 심하여 구성원들과 공동체가 무너질 정도이면 블랙홀이라고 부르기도 한다.

孔자는 어린 아이가(子) 젖통에서 젖을 빠는 모양(乚(은))으로 젖이 나오는 「구멍」을 뜻함. '子(아들 자)자와 乚(숨을 은)자가 결합한 모습이다. 乚자는 뜻과는 관계없이 어미의 젖가슴을 표현하고 있다. 금문을 보면 어린아이가 무언가에 머리를 맞대고 있는 모습이 이미지다. 이것은 아이가 어미의 젖을 빠는 모습을 표현한 것이다. 그래서 孔자는 본래 '젖가슴' 이라는 뜻으로 쓰였었다.

隙자는 뜻을 나타내는 좌부변(阝(=阜)언덕)部와 음을 나타내는 글자 㡭(극)이 합하여 이루어졌다. 벌어진 틈, 구멍, 흠, 결점, 원한, 불화, 갈라지다, 터지다, 비다, 경작하지 않다 등의 뜻이 있다.

공극은 암석 또는 토양 중의 빈틈으로 간극(間隙)이라고도 한다. 토양이 지닌 물리적 성질 가운데 하나로서 입자의 크기가 고를수록 입자 사이의 틈이 많아 공극이 커진다. 토양의 전체 부피 중에서 공극이 차지하는 부피의 비를 백분율로 나타낸 것을 공극률이라고 하며, 입자의 크기가 고를수록 공극률이 커진다.

고체 중에서 원자, 이온, 분자가 충전되어 있지 않은 빈틈이다. 분립체 등에서는 분체 간의 틈새를 말한다. 금속 결정이나 이온 결정에서는 격자 결함에 의해 공극이 생긴다. 분자성 결정에서는 격자 결함에 의한 경우 이외에도 분자의 형태가 소홀하기 때문에 분자 간에 공극이 생기는 경우도 있다.

토양비료 용어사전에서는 암석에 발달해 있는 절리나 균열의 틈새 또는 토양 중의 입자와 입자 사이의 틈을 말함. 토양 입자간의 틈을 뜻할 때는 공극(pore)과 같은 의미로 쓰인다.

형성形成

土자는 초목의 싹이 흙덩이를 뚫고 땅 위로 돋아나는 모양을 본뜬 글자로 「흙」을 뜻함이다. 토지 신의 신체를 나타낸다. 나중에 이것을 社로 쓰고, 土는 토지→흙의 뜻이 되었다. 갑골문에는 평지 위로 둥근 것이 올라온 이미지 모습이 그려져 있는데, 이것은 흙을 표현한 것이다. 흙을 표현하기 위해 지면 위로 흙덩어리가 뭉쳐있는 모습을 그린 것이다.

土자는 흙을 그린 것이기 때문에 부수로 쓰일 때는 흙과 연관되거나 '장소', '육지' 와 관련된 뜻을 전달하게 된다. 다만 土자가 쓰였다고 할지라도 단순히 모양 자 역할만 하는 경우도 있다.

士자는 하나를(一) 배우면 열을(十) 깨우치는 사람이라는 데서 「선비」를 뜻한다. 허리춤에 차고 다니던 고대 무기의 일종을 그린 것이다. BC 2,000년경인 오제시대에는 감옥을 지키는 형관을 뜻했고, 금문에서는 형관들이 지니고 다니던 큰 도끼를 말했다. 그러니 본래 휴대가 간편한 고대 무기를 그린 것이라 할 수 있다. 지금은 학문을 닦는 사람을 '선비' 라고 하지만 고대에는 무관을 뜻했던 것이다. 아직도 '관리' 나 '군사', '사내' 와 같은 뜻이 남아있는 것도 바로 이 때문이다. 그래서 부수로 쓰일 때는 '관리', '남자' 라는 뜻을 전달하였다.

王자는 하늘(一)과 땅(一)과 사람(一)을 두루 꿰뚫어(뚫을곤(丨뚫음)部) 다스리는 지배자를 일러 「왕」을 뜻한다. 王의 옛 음은 光 · 廣(과 비슷하고 크게 퍼진다는 뜻에서 공통점을 가진다. 또 王과 皇은 본디 같다. 갑골문에 나온 王자는 立(설 립)자와 비슷한 형태로 그려져 있었다. 하지만 이것은 고대에 권력을 상징하던 도끼의 일종을 그린 것으로 금문에서는 도끼가 좀 더 명확히 표현되기도 했다. 그러나 이러한 모습도 다시 바뀌면서 소전에서는 王자와 玉(구슬 옥)자가 혼동되어 해서에서는 王자에 점을 하나 더해 玉자 王자를 구별하였다.

主자는 등잔 접시 위에 불이 타고 있는 모양을 본뜸이다. 문자의 윗부분(-部分) 丶(주)는 등불이 타는 모양, 王(왕)은 촛대의 모양이며 임금이란 王(왕)과는 관계가 없다. 主(주)는 처음에 丶(주)로만 쓴 것을 더욱 자세하게 쓴 자형이다. 나중에 그 뜻으로는 炷(주)를 쓰고 主(주)는 등불의 중심→주인 · 군주의 뜻이 되었다. 王(임금 왕)자에 丶(점 주)자가 결합한 모습이다. 본래 촛대를 그린 것이었다. 소전에는 긴 촛대 위에 심지가 이미지다. 그래서 主자의 본래 의미는 '심지' 였다.

그러나 후에 '주인' 이라는 뜻으로 가차되면서 지금은 여기에 火(불 화)자를 더한 炷(심지 주)자가 뜻을 대신하고 있다. 한 집안을 밝혀야 할 사람은 가장이어야 한다는 의미가 主자에 반영된 것으로 보인다. 기독교에서는 만백성의 주인이라는 뜻으로, 여호와 또는 예수를 이르는 말이 되었다.

柱자는 뜻을 나타내는 나무목(木 나무)部와 음을 나타내는 동시에 중심의 뜻을 가지는 主(주)로 이루어진다. 중심이 되어 떠받치는 나무의 뜻이다. 主자는 촛대에 불이 켜져 있는 모습을 그린 것으로 '주인' 이라는 뜻이 있다. 柱자는 이렇게 '주인' 이라는 뜻을 가진 主자에 木자를 결합한 것으로 '중심이 되는 나무' 라는 뜻으로 만들어졌다. 즉 방 중앙에서 불을 밝히던 촛대처럼 집의 중심을 잡아주는 높이 솟은 '기둥' 이라는 뜻이다.

注자는 註(주)와 동자이다. 뜻을 나타내는 삼수변(氵(=水, 氺) 물)部와 음을 나타내는 主(주)가 합하여 이루어진다. 主(주)는 등불의 중심, 물건이 한군데 집중하는 것을 나타낸다. 注(주)는 물이 한군데로 흐르는 일, 또 물을 붓듯이 어려운 말을 쉽게 설명하는 일을 말함, 나중에 써 놓다 · 설명하다의 뜻에는 註(주)라고도 썼으나 지금은 그 뜻에도 注(주)를 쓰고 있다. 主자는 '주인' 이라는 뜻이 있지만, 여기에서는 발음 역할만이다. 무언가를 들이부어 채우는 것을 '주입하다' 라고. 그렇게 온 힘을 다해 무언가를 집어넣음을 뜻하는 글자이다. 사전 상으로는 注자를 '물댈 주' 라고 하는데, 여기서 말하는 '물을 대다' 라는 것은 무언가를 '채워 넣다' 라는 뜻이다.

住자는 뜻을 나타내는 사람인변(亻(=人)사람)部와 음을 나타내는 主(주)가 합하여 이루어진다. '머물다' 라는 뜻을 가진 글자이다. 主자는 '주인' 이라는 뜻을 갖고는 있지만, 방안을 밝히던 촛대를 그린 것이다. 빈집에는 방안을 밝힐 불이 켜지지 않는다. 그러니 住자는 집에 사람이 머물고 있기에 불이 켜져 있다는 뜻이다.

往자는 뜻을 나타내는 두인변(彳걷다, 자축거리다)部와 음을 나타내는 왕이 합하여 이루어진다. 풀의 싹 틈을 나타내는 철(艸글자중 한 개만 쓴 글자)과 음을 나타내며 크게 퍼진다는 뜻을 가진 王(왕)으로 이루어진다. 이 두 글자를 합한 主(왕)은 초목이 마구 무성하다→어디까지나 나아가는 일, 두인변(彳걷다, 자축거리다)部는 간다의 뜻이다. 갑골문에서는 王(임금 왕)자 위로 止(발 지)자가 이미지다. 여기서 王자는 발음역할만이다. 이것은 '가다' 라는 뜻을 표현한 것이다. 금문에서는 여기에 彳자가 더해지면서 '길을 가다' 라는 뜻을 좀 더 명확하게 표현하게 되었다. 그러나 소전과 해서에서는 止자와 王자가 主자로 바뀌며 지금의 往자가 만들어지게 되었다.

은행고목銀杏古木

은행나무는 일단 겉보기상태로는 동아시아 원산의 낙엽교목으로 자웅이주다. 허나 실제로는 침엽수도 활엽수도 아닌 독자적인 계통군을 형성하는 독자적인 형태의 식물로 분류된다. 겉씨식물인 소철 역시 편모를 지닌 정자를 발견하여 소철문이라는 독자적인 문을 형성하여 대부분의 침엽수와는 구분된다.

신생대 플라이스토세까지는 한반도에서도 자생했다. 현재 야생에서 존재하는 개체는 없으며, 자연적으로 멸종된 종이라고 오랫동안 알려져 왔으나 중국의 저장성 일대에서 소수의 서식지가 있는 것으로 주장하나 확실하지 않다. 이러한 사정 때문에 '살아있는 화석' 이라고 일컬어지는 식물 종이다.

은행나무는 IUCN 적색 목록에서 멸종위기종(EN, Endangered)에 속해 있다. 우리나라에서는 가로수 등으로 흔히 볼 수 있는 은행나무가 멸종 위기종이라는 게 이상할지도 모르겠지만, 야생에서 인간의 도움 없이 번식하고 자생하고 있는 은행나무 군락을 거의 볼 수 없다는 것이 지정의 이유다.

생명력이 강해서 가지와 뿌리를 제거하고 줄기만 남은 상태의 은행나무조차도 몇 년간 잎이 돋는 경우도 있다. 그래서인지 역사가 긴 사찰에 있는 은행나무 고목 중에는 무슨 고승이 꽂아두고 간 지팡이에서 잎이 돋아 자라났다든가 하는 식의 유래가 붙어있는 경우도 있다.

은행의 과육처럼 보이는 냄새나는 부위는 쓰지 않는 부분이다. 과거 공룡 같은 녀석들을 위한 부분이었지만 인간에게는 알러지 반응이나 일으킨다. 맨손으로 만지면 알러지 반응이 있기에 그냥 제거하기는 어렵고 물을 부은 다음 썩혀서, 구멍이 뚫린 바구니에 은행 종자를 넣고 주물러 제거한다.

심지어 히로시마 원폭 투하 폭심지에서 2킬로 안에 있던 은행나무도 살아남아서 현재까지도 남아있다고 한다. 게다가 공해에 비교적 강하고, 세계적으로 유일 종으로 분류 되는데다가 은행나무의 천적조차도 멸종해 버렸기 때문에 병충해의 피해가 적다는 장점이 있어 가로수로 자주 쓰인다.

종자를 밟으면 터지면서 상당히 지독한 악취가 난다. 대략 어떤가 하면 발꾸린내, 구토물, 대변(설사) 비슷한 수준이라고 표현한다. 이는 종의 부분에 함유된 부탄산 때문이다. 체질에 따라서 알러지가 생기는 경우도 있다. 자웅이주이기에 암나무와 수나무를 잘 구분해서 심으면 열매가 생기지 않는다.

농가에서는 은행나무 달인 물을 농약으로도 쓰며 은행잎을 망에 가득 넣고, 정화조에 담가두면 모기 유충이 죽는다고 한다. 은행잎은 불에 잘 타지 않고, 살균 방부 성분이 있어 잘 썩지도 않는다. 책갈피로 은행잎을 꽂아두는 것은 책이 상하는 것을 막는 효과가 있다. 은행나무는 잘 썩지 않는다.

양평군의 용문산 기슭에 있는 용문사에는 천연기념물 30호로 지정된 은행나무가 있다. 한국에서 가장 오래된 은행나무로, 수령은 1,100~1,500여 년으로 추정된다. 신라가 멸망하자 경순왕 아들인 마의 태자가 길을 떠나다가 심었다거나, 의상대사가 지팡이를 꽂아놓은 것이 자라났다는 전설이 있다.

원주시 문막읍 반계리 은행나무는 천연기념물 167호이다. 높이 34.5m, 둘레 16.9m로 상대적으로 키는 작으나 우리나라에서 가장 아름다운 은행나무라고 할 수 있을 정도로 가지가 사방으로 둥글고 풍성하게 뻗어 있다. 수령은 800~1,000년으로 추정되며 이 나무도 심은 스님 전설이 내려온다.

안동시에는 천연기념물 175호로 지정된 용계 은행나무가 있다. 수명은 700년 정도인데 임하댐을 지을 때 수몰될 뻔했지만 1994년에 20억 원을 들여 토대를 북돋워 15m를 수직 상승시켜 보존하였다. 충청북도 영동군에 위치한 영국사에도 천연기념물 223호로 지정된 영국사 은행나무가 있다.

서울특별시 종로구 성균관대학교 안에도 조선 성균관을 지을 때 같이 심은 은행나무 한 그루가 있다. 수컷 은행나무인데, 단풍이 잘 들지 않고 열매가 떨어지지 않는 특이한 나무다. 수컷 나무인데 웬 열매? 잎이 떨어지는 시기는 다른 은행나무보다 늦어서 1월이 되어야 잎이 떨어진다.

홋카이도대학의 중앙로에는 약 380m인 도로 양 옆에 은행나무 70그루가 줄지어 심어져 있다. 히로시마에는 1945년 8월 핵폭탄을 얻어맞고도 살아남은 은행나무가 남아 있다. 수령은 대략 460년 정도이다. 나무 주변은 초토화되었지만, 폭발과 이후 방사능 낙진을 맞고도 아직까지 살아남아 있다.

공자가 '행단목' 아래서 제자들을 가르쳤다는 기록을 우리나라에서는 은행나무라고, 중국에서는 살구나무라고 해석한다. 정확히는 나무 아래에 단을 올리고 그곳에서 제자를 가르쳤다고 한다. 이런 이유로 행단이라 하여 우리나라에서는 학문 혹은 학교의 상징으로 여겨져 향교나 문묘에 심었다.

우리 고향 안흥 양지 말에는 은행나무 두 그루가 우뚝 서 있다. 일제강점기 면장을 지낸 분이 살던 집이다. 초등학교 동창인 오영자 6대조 치자 익자 할아버지께서 심으셨다고 한다. 횡성향교 은행나무를 300년 정도로 보고 있어 그 후에 심겨졌으니 한 250년은 넘은 것으로 추정이 되고 있다.

아담과 개 이야기

아담은 '붉은', '붉은 흙의 곳' 이란 뜻이다. 요단 강 동쪽 모압 평원에 위치한 사르단에서 가까운 곳에 있던 성읍이다. 출애굽한 이스라엘 백성들이 광야 방황을 끝내고 약속의 땅 가나안에 들어갈 때 요단강의 흐름이 멈추는 이적이 일어났는데, 이때 물이 흐르지 않고 쌓인 곳이다. 요단강과 얍복 강이 만나는 지점, 곧 여리고 북쪽 약 25㎞ 지점에 있는 '텔 에드 다미에' (Tell ed-Damiyeh)와 동일한 곳으로 추정한다. 동아시아지역에는 황토 인에 관한 이야기가 있다.

첫 사람 아담과 마지막 아담

'첫 사람 아담' 을 통해 들어온 죄와 사망의 권세를 십자가 죽음으로써 깨뜨리고 부활을 하심으로 구원을 베푸신 예수 그리스도를 '마지막 아담'이라 칭한다.

양자의 관계는, 생령(生靈)과 살려주는 영(고전 15:45), 육 있는 자와 신령한 자(고전 15:46), 땅에서 난(흙에 속한) 자와 하늘에서 나신 자(고전 15:47), 첫 사람과 둘째 사람(고전 15:47), 죄를 범한 자와 죄와 무관하신 자(롬 5:12-21; 벧전 2:22), 순종치 않은 자와 순종하신 자(롬 5:15,19; 고후 5:21; 히 10:10-14; 벧전 2:24), 사망을 가져온 자와 생명을 가져오신 자(롬 5:12,17; 고전 15:21), 죄를 더하게 한 자와 은혜를 넘치게 하신 자(롬 5:10,20) 등이다.

인류 역사상 최초의 사람과 개에 관한 이야기

개는 먼저 인간을 찾아갔다. 개를 알아본 인간은 먹을 것을 주었고 개는 인간을 따랐다. 둘은 함께하게 되었다. 나뭇가지를 던져주고 물어오며 놀았다. 개는 인간이 만져주는 것을 좋아했고 인간도 개와 함께 달리며 노는 것이 즐거웠다. 둘은 혼자가 아니라 함께인 것에 만족했다.

그러던 어느 날 다른 인간이 나타났다. 여자였다. 남자는 자신과 닮은 여자가 좋았다. 여자와 함께하는 시간을 방해하는 개가 귀찮은 듯, 늘 가지고 놀던 나뭇가지를 멀리 던져주고 여자와 남자는 사라졌다. 개는 남자가 떠난 자리에서 그를 오래도록 기다렸다.

남자가 던져주었던 나뭇가지를 입에서 놓지 못하고 남자를 찾아 떠돌았다. 사나운 동물이 토끼를 물어 가고, 거센 비가 내렸다. 개는 빗속을 달리는 남자를 발견했다. 여자와 함께 그들은 가죽옷을 걸치고 있다. 개가 짖는 소리를 듣고 남자는 놀란 듯 뒤를 돌아본다.

〈아담과 개〉는 신이 세상을 창조하고 아직 아담 혼자 있을 때, 태초의 에덴동산의 모습을 그린다. 아름다운 자연의 모습과 평화롭게 공존하는 동물들의 모습을 그린다. 그 가운데 개와 인간은 혼자였고, 둘은 함께하면서 그 기쁨을 알게 된다.

성서에 나타난 뱀의 유혹과 금단의 열매 때문에 신의 노여움을 샀을 것이다. 신은 한 번의 배신으로 인간을 에덴동산에서 내쫓았고 모든 동물들이 인간에게 돌아서지만 그들과 함께 에덴동산을 떠나며 지금의 반려견과 인간의 관계의 시작을 이야기한다.

한자어로는 견(犬) 이외에 구(狗) · 술(戌) 등으로 표기된다. 기(狡) · 교(狡) 등은 작은 개를 뜻한다. 개는 야생동물 가운데 가장 먼저 가축화된 동물로, 조상은 이리 · 자칼 등이라고 하며, 또한 오스트레일리아의 딩고(늑대보다 약간 작은 야생동물)나 서남아시아에 멸종된 야생종이다. 이러한 야생종이 세계의 몇 개 지역에서 가축화되어 그들 사이의 선택 · 교배에 의하여 현재와 같이 약 3백여 품종이 생겼다. 인간에 의해 순화, 사육되었다는 가장 오래된 기록은 페르시아 베르트 동굴의 것으로 서기전 9,500년경으로 추산된다. 개가 인간과 관계를 맺은 것은 1만년이상이다.

개가 요즘처럼 다양하게 된 것은 불과 200여년 밖에 안 된다고 한다. 개는 철저하게 인간에게 기생하여 살아가는 동물이다. 개는 본능적으로 인간에게 기생하기 위한 유전적인 특성을 갖고 있다고 한다. 사람들은 개의 여러 가지 특성을 활용하여 군견, 목양견 등을 만들었다.

그러나 개는 가정에서도 서열이 만들어지면 노약자나 어린 아이를 공격하기도 하여 본성을 드러내기도 한다. 진돗개라도 자기에게 주어진 밥그릇에 주인이 바꾸어주려고 해 손을 대면 무는 경우가 있다. 오수의 개처럼 주인을 살리는 충성스러운 이야기도 있기는 하나 문제가 많다. 우리나라 뿐만 아니라 세계 많은 나라에서도 개와 관련한 욕설이나 비속어가 많이 있다고 한다.

부활을 암시하는 곤충

나를 죄의 구속에서 구원하신 주 예수 그리스도는 스스로 "나는 부활이요. 생명이니 나를 믿는 자는 죽어도 살겠고 무릇 살아서 나를 믿는 자는 영원히 죽지 아니하리니라." 하셨다.(요 11:25-26)

파리류 사람 가까이에서 항상 살아가고 있다. 더러운 곳에서 구더기(유충)로 산다. 번데기가 된다. 파리(성충)가 된다. 병균의 매개체도 되어 사람에게 해를 주나 구석구석 작은 음식물 청소를 해 준다.

누에류 사람이 지혜로 잘 활용하고 있다. 뽕잎을 먹는다. 고치로 실을 얻는다. 알, 애벌레, 번데기, 나방으로 가장 완전한 변태를 이룬다. 애벌레나 번데기는 요리를 해서 먹는다. 사람에게 유익을 준다.

나비류 다양한 종류로 사람에게 활용 즐거움을 준다. 풀잎과 수액을 먹는다. 알, 애벌레, 여러 형태 번데기, 나비가 되는 완전변태이다. 식물의 꽃가루를 옮기며 번식하게 하고 꿀 에너지로 얻기도 한다.

매미류 유일하게 소리를 낸다. 사람에게 소음이 되기도 한다. 나무

즙을 빨아먹는다. 알, 삼년에서 칠년 정도 애벌레로 살다 허물을 벗고 매미가 된다. 이십 여일 소리를 내며 짝을 찾아 알을 낳고 죽는다.

부활의 표본이 되는 누에는 나비목 누에나방과에 속하는 누에나방의 유충이다. 알에서 부화되어 나왔을 때 누에의 크기는 약 3mm이며, 털이 많고 검은 빛깔을 띠기 때문에 털누에 또는 개미누에라고 한다. 개미누에는 뽕잎을 먹으면서 성장하며, 4령 잠을 자고 5령이 되면 급속하게 자라서 8cm 정도가 된다. 5령 말까지의 유충기간 일수는 품종과 환경에 따라 일정하지 않으나 보통 20일 내외이다.

5령 말이 되면 뽕 먹는 것을 멈추고 고치를 짓기 시작하는데 약 60시간에 걸쳐 2.5g 정도의 고치를 만든다. 실은 1개의 고치에서 1,200-1,500m가 나온다. 고치를 지은 후 약 70시간이 지나면 고치 속에서 번데기가 되며, 그 후 12~16일이 되면 나방이 된다. 이 나방은 알칼리성 용액으로 고치의 한쪽 끝을 뚫고 나오며, 암나방은 약 500-600개의 알을 낳고 죽는다. 번데기가 나방이 되는 모습은 부활체와 같은 모습일 것이리라.

죽은 자가 다시 생명을 얻어 되살아나는 것을 말한다. 구약 시대에는 부활 사상이 그리 확실하게 나타나지 않았지만 욥이나 다니엘 선지자 그리고 다윗, 고라 자손, 아삽, 이사야, 호세아 등이 부분적으로나마 부활에 대한 믿음을 가지고 있었음을 알 수 있다.

이런 부활 사상은 바벨론 포로기 이후 신구약 중간기에 오면서 '누가 부활하는가?', '어떤 모양으로 부활하게 되는가?' 등의 논제들이 활발하게 전개되는 등 부활에 대한 좀 더 분명하고도 구체적인 생각들이 나타나게 된다. 예수님 당시 유대인들은 부활에 대한 일반적인 생각은 지니고 있었지만, 예수님의 제자들의 경우처럼 주님의 부활을 정확히 이해하지는 못했었다. 더욱이 유대 종교계에서는 부활을 절대 부인하는 사두개파가 있었는가 하면 철저하게 부활을 인정하는 바리새파가 존재했었다.

기독교는 부활의 종교라 해도 과언이 아닐 만큼 그리스도의 부활 사건은 기독교 신앙의 근간을 이룬다. 그분의 부활은 역사적으로 또 육체적으로 실재한 객관적이고 부인할 수 없는 사실이다.

한편, 그리스도의 부활은 인성으로 그분이 참 인간으로 이 땅에 오셨음을 확인시켜 주는 동시에 신성으로 사망에 매여 있을 수 없는 참 하나님이심을 보여 주는 사건이기도 하다. 예수님은 우리의 의롭다 하심을 위해 부활하셨다. 그분의 부활은 우리 신자들의 부활의 보증이요, 성도들이 마지막 날 부활할 것에 대한 일종의 전조다. 이 같은 그리스도의 부활이 없었다면 우리는 여전히 죄 가운데 있었을 것이며, 참으로 불쌍한 존재가 될 것이다.

부활체는? 신령한 몸으로 썩지 않는다. 그리스도와 같이 영광스런 형체로 변화한다. 결혼하지 않고 하늘에 있는 천사와 같다. 시공간의 제약을 받지 않는다. 사망에 매여 있지 않는다. 하늘에 속한 자의 형상을 입는다. 다시 사망이 없고 애통하는 것이나 곡하는 것이나 아픈 것이 없다.

광열물질

"이는 만물이 주에게서 나오고 주로 말미암고 주에게로 돌아감이라."(롬 11:36), "우리에게는 한 하나님 곧 아버지가 계시니 만물이 그에게서 났고 우리도 그를 위하여 있고 또한 한 주 예수 그리스도께서 계시니 만물이 그로 말미암고 우리도 그로 말미암아 있느니라."(고전 8:6)

존재는 '있다' 고 말할 수 있는 모든 것의 총괄이다. 원래는 일반적인 유(類)로서의 '존재자' 를 뜻한다. 존재자는 실재 자뿐 아니라 비실재자도 포함한다. 비실재자, 예를 들면 천마도 그것이 '천마로 존재하는 것' 으로 사고되는 한에서는 '일종의 존재하는 것(가상 물)' 이기 때문이다.

또한 '존재하지 않는 것(비 존재자)' 도 어떤 뜻에서는 존재자의 일종이다. 왜냐하면 '존재하지 않는 것' 도 '존재하지 않는 것' 인 상태에서 사고되며, 또한 '그러한 것으로서' 존재하기 때문이다. 이런 의미에서 존재자는 일체의 것을 총괄하는 유(類)이다.

光자는 火(화 불)과 사람인(人(=亻)사람)部의 합자이다. 사람이 횃불을 들고 밝게 비추고 있다는 뜻이 합(合)하여 「빛」을 뜻한다. 또 전하여 번영하다로 되고 가차하여 광대 · 광원의 뜻이다. 사람의 머리 위에 빛이 나는 모습을 그린 것이다. 갑골문에 나온 光자를 보면 儿자 위로 火

(불 화)자가 이미지다. 이것은 사람 주위가 매우 밝게 빛나고 있음을 표현한 것이다. 그래서 光자는 '빛' 이나 '비추다' 라는 뜻을 갖게 되었다. 어둠을 물리치는 빛, 눈에는 보이지 않으나 오관으로 느껴지는 현상, 어른어른하게 비치고 번지르르하게 보이는 환한 윤기 등이다.

熱자는 뜻을 나타내는 연화발(灬(=火)불꽃)部와 음을 나타내는 글자 埶(예→열)로 이루어진다. 埶(예→열)은 나무가 성장(成長)하다→기력이 좋다, 熱(열)은 불기운이 '세다' 의 뜻으로 쓰인다. 埶자는 어린 초목을 땅에 심고 있는 이미지 모습을 그린 것으로 '심다' 나 '기세' 라는 뜻이 있다. 그래서 보통 熱자는 "불(火)의 기세(埶)가 매우 거세다." 즉, '매우 덥다' 라는 뜻으로 해석하곤 한다. 그런데 설문해자에서는 熱자가 본래는 爇(불사를 열)자와 같은 글자였던 것으로 해석하고 있다. 갑골문에서의 爇자는 야생동물을 사냥하기 위해 숲에 불을 지르는 모습을 표현한 것이다. 여기서 '불사르다' 라는 뜻의 爇자가 만들어졌고 熱자는 '덥다' 라는 뜻으로 파생된 것으로 본 것이다. 물체 속으로 들어가서 그 온도를 높이고 온난의 감각을 주는 원인이 되는 것이다.

物자는 뜻을 나타내는 소우(牛(=牜)소)部와 음을 나타내며 勿(물)이 합하여 이루어진다. 만물을 대표하는 것으로 소(牛)를 지목하여 「만물」을 뜻한다. 勿(물)은 旗(기), 천자(天子)나 대장의 기는 아니고 보통 무사가 세우는 색이 섞여 있는 것, 여기에서는 색이 섞여 있음을 나타냄. 物(물)은 얼룩소, 나중에 여러 가지 물건이란 뜻을 나타낸다. 그러나 옛 모양은 흙을 갈아엎고 있는 쟁기의 모양과 牛(우 소)로 이루어져 밭을 가는 소를 나타내었다. 나중에 모양이 닮은 勿(물)이란 자형을 쓰게 된 것이다. 여기서 勿자는 무언가를 칼로 내리치는 모습을 그린 것이다. 그래서 物자는 소를 도축하여 상품화시키는 모습으로 해석하기도 한다. 그러나 고대에는 다양한 색이 뒤섞여있던 '얼룩소'를 物이라고 했었다. 그러나 후에 다양한 가축의 종류나 등급과 관계된 뜻으로 쓰이게 되면서 지금은 광범위한 의미에서의 '제품'이나 '상품', '만물'이라는 뜻으로 쓰이고 있다.

넓은 뜻으로는, 단순한 사고의 대상이건, 현실에 존재하는 사물이건을 불문하고, 일반으로 어떠한 존재, 어떤 대상 또는 어떤 판단의 주어가 되는 일체의 것이다. 좁은 뜻으로는, 외계에 있어서의 우리들의 감각에 의해서 지각할 수 있는 사물, 시간, 공간 가운데 있는 물체적인, 물질적인 것이다. 사람이 지배하고 이용할 수 있는 모든 구체적 물건이다. 민법 상, 유체 물 및 전기 그 밖에 관리할 수 있는 자연력. 사권의 객체가 될 수 있는 것이다.

質자는 質(질)의 본 자이다. 贄(지)와 통자이다. 뜻을 나타내는 조개패(貝 돈, 재물)部와 음을 나타내는 글자 所(은→질)이 합하여 이루어진다. 所(은→질)은 날붙이를 두 개 가지런히 한 모양→나무나 풀을 자르는 도구→잘라서 가지런히 하는 일을, 貝(패)는 돈이나 물건을, 質(질)은 물건과 비등한 돈을 빌리다→人質(인질)→性質(성질) 따위의 뜻으로도 쓴다. 貝(조개 패)자와 所(모탕 은)자가 결합한 모습이다. 所자는 두 자루의 도끼를 그린 것이다. 質자는 본래 '저당물'을 뜻했던 글자였다.

저당물이란 돈을 빌리기 위해 임시로 맡기는 물건을 말한다. 그래서 두 자루의 도끼를 그린 斦자는 '저당물' 을 의미하고 貝자는 현금을 뜻한다. 그러니까 質자는 저당물을 맡기고 돈을 빌리는 모습을 표현한 것이다. 돈을 빌려주는 사람은 담보로 맡는 저당물의 가치를 확인해야 했다. 그래서 質자는 '저당물' 이라는 뜻으로 쓰이다가 후에 '본질' 이나 '품질' 을 뜻하게 되었다.

타고 난 성질 됨됨이의 바탕 천성이다. 어떤 사물의 유용성 · 내용의 좋고 나쁨 · 가치 · 등급 · 속성 따위의 총체이다. 어떤 사물 현상의 본질적인 특성과 속성의 유기적인 통일에 기초한, 그 사물 현상을 다른 대상과 구별하는 특색으로 되어 있는 것 양에 대응하는 말이다. 논리학에서는, 판단이 긍정 판단이냐 부정 판단이냐 하는 차별을 판단의 질이라 이른다.

존재는 실재 있음이다, 또는 있는 그것이다. 철학에서는, 의식으로부터 독립하여 외계에 객관적으로 실재(생존, 현존)하는 것을 가리킨다. 세상에 존재하는 모든 것은 창조주 하나님에 의해 만들어진 것이며, 또 하나님에 의해 운행되거나 실재하는 것이다.

창세기 1장은 이렇게 기록하고 있다.

> "하나님이 땅은 생물을 그 종류대로 내되 가축과 기는 것과 땅의 짐승을 종류대로 내라 하시니 그대로 되니라. 하나님이 땅의 짐승을 그 종류대로, 가축을 그 종류대로, 땅에 기는 모든 것을 그 종류대로 만드

시니 하나님이 보시기에 좋았더라. 하나님이 우리의 형상을 따라 우리의 모양대로 우리가 사람을 만들고 그들로 바다의 물고기와 하늘의 새와 가축과 온 땅과 땅에 기는 모든 것을 다스리게 하자 하시고 하나님이 자기 형상 곧 하나님의 형상대로 사람을 창조하시되 남자와 여자를 창조하시고 하나님이 그들에게 복을 주시며 하나님이 그들에게 생육하고 번성하여 땅에 충만 하라, 땅을 정복하라, 바다의 물고기와 하늘의 새와 땅에 움직이는 모든 생물을 다스리라 하시니라. 하나님이 내가 온 지면의 씨 맺는 모든 채소와 씨를 가진 열매 맺는 모든 나무를 너희에게 주노니 너희의 먹을거리가 되리라. 또 땅의 모든 짐승과 하늘의 모든 새와 생명이 있어 땅에 기는 모든 것에게는 내가 모든 푸른 풀을 먹을거리로 주노라 하시니 그대로 되니라. 하나님이 지으신 그 모든 것을 보시니 보시기에 심히 좋았더라."

제3부 역사를 살펴보며

노아의 계보

> 노아의 아들 셈과 함과 야벳의 족보는 이러하니라. 홍수 후에 그들이 아들들을 낳았으니(......) 이들로부터 여러 나라 백성으로 나뉘어서 각기 언어와 종족과 나라대로 바닷가의 땅에 머물렀더라.(창 10a)

노아는 라멕의 아들이고 아담의 10대손으로 하나님께서 아벨을 대신하여 주신 셋 계열의 자손이다. 아들은 셈, 함, 야벳이다. '노아'란 당시 타락하고 부패한 세상에서 하나님의 위로가 함께하기를 기원하는 뜻에서 지어진 이름이다. 노아는 하나님으로부터 의롭다 인정받는 사람이었다. 그는 480세에 대홍수로 인류를 심판하시겠다는 하나님의 경고를 귀담아 듣고 하나님의 지시에 순종하여 120년 간 방주를 예비하면서 하나님의 심판을 경고하고 회개를 촉구하였다. 그러나 회개하는 자들은 아무도 없었고, 결국 노아를 비롯한 가족 8명(노아, 아내, 세 아들과 세 며느리)과 정한 짐승 각 7쌍과 부정한 짐승 각 2쌍이 방주에 들어가 홍수를 대비할 수 있었다.

에스겔 선지자는 노아를 욥, 다니엘과 더불어 최고의 의인으로 꼽았고, 히브리서 저자는 '믿음을 따르는 의의 상속자가 된 자', 베드로는 '의를 전파한 자'라 하며 노아의 믿음을 칭찬하였다.

> 우리가 아브라함의 자손이라. 남의 종이 된 적이 없거늘 어찌하여

우리가 자유롭게 되리라 하느냐?(……) 나도 너희가 아브라함의 자손인 줄 아노라.(……) 예수께서 아브라함이 행한 일들을 할 것이거늘 지금 하나님께 들은 진리를 너희에게 말한 사람인 나를 죽이려 하도다.(요 12a)

노아의 후손들은 바벨탑 사건이후 언어가 혼잡을 이루며 지구 촌 구석구석으로 흩어지며 살게 되었을 것이다. 우리는 흔히 천손족이니 난생족이니 하는 말들을 하곤 한다.

天孫族/ 卵生族

天族/ 皇族/ 王族/ 貴族, 民族/ 同族/ 氏族/ 血族

國民/ 人民/ 市民/ 道民/ 郡民/ 面民/ 住民/ 公民

聖民/ 神民/ 平民/ 常民/ 庶民/ 良民/ 賤民/ 勞民

환경에 따라 문화의 차이를 가져오며 문화민족과 미개민족으로 구분지어 말하게 되었을 것이다. 문화민족은 언어와 문자를 가지고 지적으로 발달된 생활을 영위하는 민족이다. 영국의 인류학자 E.타일러는 민족을 야만 · 반개(半開) · 문명의 3단계로 나누었는데, 야만민족은 채집경제의 단계, 반개민족은 농경과 목축을 시작한 단계, 문명민족은 문자가 발명되어 높은 수준의 생활을 영위하는 단계에 있는 인류 집단을 가리킨다고 하였다. 독일의 민속학자이며 언어학자인 W.슈미트는 문자를 가진 민족을 다시 2단계로 나누어, 문자의 사용에 의하여 시간적 간격을 축소한 고대의 고급문화민족과, 증기 · 전기 등을 교통기관에 응용함으로써 공간적 간격을 축소한 완전문화민족으로 규정하였다. 이밖에 그 문화가 단순한가, 또는 복잡한가를 기준으로 문화민족을 규정하는 견해도 있다. 미개민족은 인지(人智)가 개화되지 못하고 언어는 사용하고 있으나 문자를 가지고 있지 않은, 생활수준이 매우 낮은 민족이다. 수마트라 북부 산악지대에 살던 바타크족(族)과 같이 특수한 종교적 문자를 가진 민족도 있지만, 그것은 아주 예외적인 경우이고 일반적으로 미개민족은 문자를 가지고 있지 않다. 이는 극히 소수가 집단을 이루고 있고, 지역적으로도 활동범위가 제한되어 있어서 서로가 문자를 통해 전달할 필요가 없기 때문이라고 여겨진다.

한때 미개민족을 '문화를 가지지 않은 인간집단' 이라고 규정한 적도 있지만, 현재 이 설은 부정되고 있다. 어떤 종족의 집단이건 인류사회이고 보면 형태는 다르더라도 반드시 어떤 유형의 문화를 갖기 때문이다. 즉, 문자를 가지고 있지 않던 미개사회에서도 집단유지를 위한 불문율이 있었으며, 생존과 자기보호를 위한 생활양식(문화)은 있었다.

19-20세기 전반에 들어와서 선사시대 미개민족의 문화와 거의 동일한 생활양식을 그대로 간직한 현재의 미개인과 그 사회에 대한 연구가 시작되었고, 그것에 의하여 몇 만 년 전의 태고시대로 거슬러 올라가는 전(全)인류문화사의 재구성이 기획되기도 하였다. 그러나 현재의 미개사회 문화에는 주변 문화민족으로부터의 영향과 특수한 환경 아래에서의 퇴화 등 역사적 변화가 있었음을 고려할 때, 현재의 사회 상태로써 원시시대의 미개민족을 추정하기란 매우 어려운 일이 아닌가.

마고는 역사인가

마고신화는 우리민족의 생성 신화라 할 수 있는 것으로, 단군 한웅 한인 이전의 이야기이다. 현재 학계에서는 단군신화를 역사적 실체로 보면서, 그 이전에 홍수신화나 마고신화 따위가 생성된 것으로 보는 견해가 대세를 이룬다. 麻 즉 삼베이야기는 1만년전경 동아시아의 일반적인 산업이었다.

신라 때 박제상이 지은 〈부도지〉를 보면, 지상에서 가장 높은 마고성의 여신인 마고에게 두 딸이 있고 이들에게서 황궁, 백소, 청궁, 흑소씨의 남녀 각 1명의, 8명이 태어났고, 이들이 각각 3남 3녀를 낳았는데, 이것이 인간의 시조이며 몇 대를 지나 자손이 3,000여명이 되었다고 한다.

인구 증가로 마고성의 식량인 지유가 부족해지자 백소씨 일족인 지소씨가 지유 대신 포도를 먹고 이를 다른 사람에게도 권한다. 결국 포도를 통해 식량보충을 하였다. 마고성 안에서 지유만 마실 때는 무한한 수명을 가졌던 사람들이 풀과 과일을 먹게 된 후 천성을 잃고 수명이 줄어들었다.

이에 대한 책임을 느낀 황궁씨가 마고 앞에 복본(復本 · 근본으로 돌아감)을 서약하고 사람들을 4(동이, 서이, 남이, 북이)파로 나눠 성을 떠난다. 그중 황궁씨는 일행을 이끌고 동북아시아 지역의 천산주(天山州)로 가서 한민족의 직계 조상이 된다. 황궁씨의 자손은 유인, 유호, 한인,

한웅, 단군으로 이어진다.

또 마고 할머니 신화도 전해져 오는데, 마고할머니는 민간에서 구전되어 온 '거인(巨人)' 으로, 중국신화에서 천지를 창조했다고 하는 '반고' 에 해당한다. 마고할머니는 한라산을 베고 누워 한 다리는 서해에, 또 한 다리는 동해에 두고 손으로 땅을 훑어 산과 강을 만들었다고 한다.

집단으로의 귀속이나 지위, 재산이 아버지로부터 아들에게 계승되어 부계로 결속된 사람들의 출신 집단(씨족, 혈족)이 사회의 기초단위가 되는 사회를 농경사회 이후로 부계사회라고 한다.

모계사회는 어머니로부터 자식에게 계승되어 모계 출자집단이 기초단위이다. 인도의 나야르인(人)이나, 수마트라의 미난카바우족, 라오스의 라오족, 아샘의 시카족, 북아메리카인디언의 호피족 등이 모계사회의 예로서 잘 알려져 있지만 중국의 화하족 외에는 세계의 여러 민족 중에서 소수이다.

이들 사회에서는 아버지의 존재가 거의 희박하다. 그러나 실권을 쥐고 있는 것은 남성인 어머니의 형제로, 모계사회는 이른바 모권제가 아니라는 것에 주의할 필요가 있다.

한편, 부계사회는 가부장이나 출자집단의 장이 지위, 재산, 여성과 자녀를 통제하는 권력을 갖는 부권제의 형태를 취하는 경우가 많다. 농경사회 이후 부의 축적으로 고대국가에 강화된다.

도서 '고대 사회' 는 '야만으로부터 미개를 거쳐 문명으로 인류가 진화해 온 과정에 대한 연구' 라는 부제를 보아도 알 수 있듯이 다윈의 생물 진화론에 자극을 받아 쓴 사회학적 연구서이다.

이 책은 당시의 학계에 큰 영향을 미쳤으며 마르크스, 엥겔스 등도 이 책을 높이 평가했고, 특히 엥겔스의 '가족, 사유재산, 국가의 기원'은 모건의 연구 성과를 채택하고 있다. 전체는 4편으로 나누어졌는데, 제1편 '발명과 발견에 의한 지력의 발달', 제2편 '정부 관념의 발달', 제3편 '가족 관념의 발달' 로 되어 있다.

모건은 이 책에서 인류의 발전 단계를 야만 · 미개 · 문명의 세 단계로 나누고 야만과 미개는 다시 하기 · 중기 · 상기로 세분하였다. 그리고 모계 씨족제의 이로쿼이족은 미개의 하기, 부계 씨족 사회인 그리스, 로마는 미개 상기에 해당한다고 하였다. 그는 주로 생활 자료의 생산 진보를 기초로 하여 이러한 시대 구분을 하였다. 다음에 이 책의 가장 중요한 부분인 씨족제도의 연구에서는 인류사회는 모권제로부터 부권제로 발달해 왔음을 입증하고, 또 원시 사회의 조직 원리는 혈연에 기반을 두었다가 후에는 지역과 재산에 기반을 둔 정치사회로 발달하였다고 한다. 가족에 관해서는 원시 사회에서의 난혼이 행해지고 야만 · 미개 · 문명사회에서의 발달에 대응하여 혈족혼 가족, 반 혈족혼 가족, 대우혼 가족, 가부장제 가족으로 발전하고 문명 단계에서 일부일부제 가족이 나타났다고 한다. 또한 재산제도에 대해서 원시 공산제로부터 사유 재산제로 발전하였다고 한다. 그는 이러한 발전 경로를 '신분에서 계약으로' 라는 말로 표현하였다.

현대에는 대다수의 국가들이 일부일처제를 법적으로 제도화하였다. 한 가정도 부모가 공동으로 권한을 행사는 시대이다. 그러나 가정에 따라서는 주도권이 부인에게 있는 경우가 많이 있는 것이다. 요즘은 처가, 친정 중심으로 모임을 갖는 경우도 많다. 점점 부계부권사회는 퇴조하고 있는 것이다.

요즘 유튜브에는 여러 분야의 강의가 방영되고 있다. 강상원 박사는 범어(산스크리트어)를 중심으로 한자, 훈민정음, 한반도 토속사투리, 영어 등과 관련을 지으며 우리말(고대한국어)이 동서언어의 뿌리론을 주장하고 있다. 파미르고원 지역에 곤륜으로부터 흩어진 동이족을 천손으로 말하기도 한다. 1만년전경 상고사 영역이 활발하게 강단 사학자들이 아닌 역사연구가들에 의하여 전개가 되는 점이다.

원시 동방문자

지리산 삼신봉 아래 하동 청학동 뒤편에서 고대문자로 보여 지는 글자가 음각된 돌이 발견돼 학계의 비상한 관심을 모으고 있다. 이 돌에 새겨진 글자가 중국 갑골문자 이전의 고대문자로 인류최초의 문자라는 일부의 의견도 제기되고 있어 이 돌의 학술적, 역사적 가치를 둘러싼 논쟁이 치열하다.

학계에서는 이집트 상형문자 해독의 열쇠를 제공한 로제타 스톤에 비교해 이번에 하동 삼신봉에서 발견된 문자가 새겨진 돌을 '삼신봉 스톤' 이라 칭하기도 하고 있다. 로제타 스톤은 1799년 나폴레옹 군대가 이집트를 점령할 때 나일강 하구 로제타 마을에서 발견된 글자가 새겨진 돌을 말한다. 나중에 이 돌에 새겨진 글자로 인해 이집트의 상형문자 해독이 이루어지는 학술적, 역사적 의미를 지니고 있다. 로제타스톤은 현재는 세계최고의 문자가 새겨진 돌로 인정돼 영국의 대영박물관에 보관중이다.

이번에 발견된 삼신봉 스톤에 새겨진 글자가 일부 학계의 주장대로 중국의 갑골문자 이전의 고대문자로 판명되면 이집트 로제타스톤보다 앞서는 세계에서 가장 오래된 문자가 석각된 돌이 된다.

2018년 10월 3일 한국전통심마니협회 정형범 회장이 경남 하동군 청암면 묵계리 삼신봉 아래 남쪽 사면 해발 1,200m 지점 등산로 부근에서 글자로 보여 지는 그림이 새겨진 가로 50cm, 세로 40cm 두께 20cm의 돌을 발견한 것으로 뒤늦게 밝혀졌다. 하동군은 정형범 회장으로부터 이 같은 사실을 확인하고 이 돌의 발견자인 정 회장과 함께 삼신봉을 탐사해 돌이 발견된 위치를 확인한 것으로 알려졌다. 이와 관련 하동군 문화관광과 백승렬 계장은 본지와의 통화에서 "돌의 최초 발견자인 정 회장과 함께 돌이 발견된 장소를 수차례 탐사했으며 주변에 삼신봉 스톤의 재질과 비슷한 돌들이 많이 흩어져 있는 점으로 보아 삼신봉 스톤이 원래 위치했던 곳이 맞는 것 같다."는 견해를 피력했다. 정 회장은 최초에 이 돌을 발견하고는 하동군에 반출신고를 하고 돌을 가지고 내려온 것으로 확인됐다.

세계문자연구소 신유승 소장은 22일 "삼신봉스톤에 새겨진 글자가 중국의 갑골문자보다 2천년 앞선 고대 원시문자에 해당한다."는 견해를 밝혔다. 신 소장은 "돌의 정밀사진과 실물판독을 통해 삼신봉스톤에 새겨진 글자 52자를 채자했다."고. 신 소장은 "채자한 52자의 글자를 통해 이 문자들이 고대 갑골문자 보다 최소 2천년 앞선 원시문자로 지금까지 발견된 문자 가운데 가장 오래된 글자"라고 주장했다.

신 소장은 "세계문자 발달 흐름상 자신의 전문분야인 갑골문자는 지금부터 5천 년 전, 즉 기원전 3천년 전후에 만들어진 문자이고 이보다 천년 정도 앞서는 기원전 4천년 정도에 형성된 문자가 골각문자인데 이번에 삼신봉 스톤의 석각문자를 연구해 본 결과 이들 문자가 골각이나 갑골문자보다 앞서는 형태의 글자모양, 즉 원지 문자의 형태를 보이는 문자들이 확인되고 있어서 놀랍다" 고 말했다.

신 소장은 자신의 이 같은 주장을 뒷받침 하도록 문화재청이나 하동군이 나서서 삼신봉 스톤에 대한 연대를 확인하기 위해 방사능동위원소 연대측정 등 과학적인 연대측정과 확인방법을 통해 보다 체계적이고 과학적인 추가연구가 필요하다고 말했다. 향후 고대원시문자의 연구의 성과를 기대한다.

동방문자
별씨(14) – 고인돌(9) – 배(8)
암각 그림(7)
녹도문자 쐐기문자 수메르문자
가림토문자
원시문자(6) – 골각문자 – 갑골문자(5)
금문 – 전서 – 해서
훈민정음 한글(1)

"천문을 이용한 도시건축"

김정민 박사에 따르면 고대인들은 천문에 매우 밝았다고 한다. 고대 이집트는 '죽음의 강' 을 건너는 것은 은하수를 넘는 것으로 상징했다. '태양의 돛단배' 는 북두칠성, 저승사자로 여긴 오시리스는 오리온 별자리였다. 이러한 별자리들의 위치나 방향 등이 이집트 피라미드를 통해 기록됐다고 한다.

김 박사는 "천문을 이용한 도시 건축의 전통은 오늘날 카자흐스탄의 수도인 아스타나의 도시 건축에서 살펴볼 수가 있다. 천문과 인간의 차크라 상징이 연결되어 있다. 또 조선왕조는 왕권의 강화를 위해 하늘의 힘을 빌리고자 했다. 경복궁 일월오악도(日月五嶽圖)에 천문 전통이 나타나 있다."고 말했다.

사람일생四覽一生

四자는 아주 옛날엔 수를 나타낼 때 가로 장대 네 개의 모양으로 썼으나 三과 혼동되기 쉬우므로 전국시대 무렵부터 四(사)를 빌어서 쓰게 되었다. 四(사)는 코에서 숨이 나오는 모양을 본뜬 것이었으나 그 뜻으로는 나중에 呬(희)로 나타내고, 四(사)는 오로지 수의 넷을 표시하는데 쓰였다. 그런데 갑골문을 보면 긴 막대기 4개를 그린 亖(넉 사)자가 그려져 있었다. 亖 자가 숫자 三(석 삼)자와 자주 혼동되었기 에 금문에서는 '숨 쉬다' 라는 뜻으로 쓰였던 四자를 숫자 '사' 로 쓰기 시작했다. 사람의 콧구멍을 그린 것으로 본래는 '숨을 쉬다' 라는 뜻으로 쓰였었지만, 숫자 4로 가차되었다. 세상사가 험악하여 虎口와 관련이 있는 것으로 말하기도 하였다.

覽자는 회의문자로 보는 견해도 있다. 뜻을 나타내는 볼견(見 보다)部와 음을 나타내는 監(감 물 그림자를 보다→람)으로 이루어진다. 두루 보다의 뜻으로 쓰였다. '보다' 나 '두루 보다' 라는 뜻을 가진 글자이다. 覽자는 監(볼 감)자와 見(볼 견)자가 결합한 모습이다. 監자는 세숫대야에 비친 자신을 바라보는 모습을 그린 것으로 '보다' 라는 뜻을 갖고 있다. 이렇게 '보다' 라는 뜻을 가진 監자에 다시 '보다' 를 뜻하는 見자를 더한 것이니 얼마나 자세히 보려고 하는 것일까? 관람이라는 단어처럼 이리저리 '둘러보다' 라는 뜻을 표현하기 위해 만든 글자이다. 그래서 후에 사방을 두루 보다, 전망하다, 받아들이다, 대강 훑어보다 등의 뜻으로 쓰였다.

一자는 한 손가락을 옆으로 펴거나 나무젓가락 하나를 옆으로 뉘어 놓은 모양을 나타내어 「하나」를 뜻한다. 弌(일) · 二(이) · 弎(삼)으로도 썼으나 주살익(弋 줄 달린 화살)部는 안표인 막대기이며 한 자루, 두 자루라 세는 것이었다. 막대기를 옆으로 눕혀놓은 모습을 그린 것이다. 고대에는 막대기 하나를 눕혀 숫자 '하나' 라 했고 두 개는 '둘' 이라는 식으로 표기를 했다. 이렇게 수를 세는 것을 '산가지' 라 한다. 一자는 숫자 '하나' 를 뜻하지만 하나만 있는 것은 유일한 것을 연상시키기 때문에 '오로지' 나 '모든' '잠시, 한 번' 이라는 뜻도 갖게 되었다. 그러나 一자가 부수로 지정된 글자들은 숫자와는 관계없이 모양자만을 빌려 쓰는 경우가 많았다.

生자는 풀이나 나무가 싹트는 모양→생기다→태어나다→만듦이다. '나다' 나 '낳다', '살다' 라는 뜻을 가진 글자이다. 갑골문을 보면 땅 위로 새싹이 돋아나는 이미지다. 그래서 본래 '나서 자라다' 나 '돋다' 라는 뜻으로 쓰였었다. 새싹이 돋아나는 것은 새로운 생명이 탄생했음을 의미한다. 生자는 후에 '태어나다' 나 '살다', '삶' 과 같은 뜻을 갖게 되었다. 다른 글자와 결합할 때는 본래의 의미인 '나다' 를 전달하는 경우가 많다. 예를 들면 姓(성 성)자는 태어남은(生)은 여자(女)에 의해 결정된다는 뜻이다. 그리고 어른에게 대하여 자기를 낮추어 이르는 말이다. 흔히 편지에 소생 등으로 쓰였다. 또한 학식은 있으나 벼슬하지 않은 사람을 이르던 말이다.

事자는 깃발을 단 깃대를 손으로 세우고 있는 모양을 본뜬 글자로 역사의 기록을 일삼아 간다는 데서 「일」을 뜻한다. '일' 이나 '직업', '사업' 이라는 뜻을 가진 글자이다. 갑골문이 등장했던 시기 使(부릴 사)자와 史(역사 사)자, 事(일 사)자, 吏(관리 리)자는 모두 같은 글자였다. 그 중에서도 정부 관료인 '사관' 을 뜻했다. 사관은 신에게 지내는 제사를 주관했기 때문에 제를 지내고 점을 치는 주술 도구를 손에 쥔 모습으로 그려졌다. 후에 글자가 분화되며 事자는 '일' 이나 '직업' 이라는 뜻을 갖게 되었다. 허신의 [설문해자]에서 정의하기로는 史자는 '일을 기록하는 사람' 으로, 吏자는 '사람을 다스리는 자' 로, 事자는 '직책, 직업' 으로 분화되었다고 한다.

死자는 죽을사변(歹(=歺)뼈, 죽음)部는 뼈가 산산이 흩어지는 일을 나타낸다. 즉 사람이 죽어 영혼과 육체의 생명력이 흩어져 목숨이 다하여 앙상한 뼈만 남은 상태로 변하니(匕) 「죽음」을 뜻한다. 死(사)의 오른쪽을 본디는 人(인)이라 썼는데 나중에 匕(비)라 쓴 것은 化(화)변하다→뼈로 변화하다란 기분을 나타내기 위하여서다. ?(뼈 알)자와 匕(비수 비)자가 결합한 모습이다. 匕자는 손을 모으고 있는 사람을 그린 것이다. 갑골문을 보면 人(사람 인)자와 歹자가 이미지다. 이것은 시신 앞에서 애도하고 있는 사람을 그린 것이다. 해서에서부터 人자가 匕자로 바뀌기는 했지만 死는 누군가의 죽음을 애도하고 있는 모습에서 '죽음' 을 표현한 글자이다.

사람은 '一生一死' 이다. 生은 牛 (소우)에 마지막에는 한 '一' 로 마감하고 死는 한 '一' 로 시작한다.

사람은 하나님이 창조한 피조물 중에 가장 으뜸 되고 뛰어난 존재이다. 하나님의 형상대로 창조되었고, 몸과 영(혼)을 가지고 있었다. 따라서 사람은 하나님을 의지하며 하나님과 더불어 호흡하고 살아가야 하는 존재로 만들어졌다. 하지만 에덴동산에서 범죄 하였고, 그 결과 영원히 죽을 수밖에 없는 존재로 전락하고 말았다. 그러나 하나님의 은총과 자비는 계속되어 하나님은 예수 그리스도를 통해 인류 구원의 원대한 뜻을 이루어주셨다. 이렇게 구원의 은총을 입은 자를 가리켜, 성경은 '새사람' 이라 표현하는데, 이는 곧 예수로 인해 중생한 사람을 뜻한다.

다시 말하면, 새사람은 하나님이 예수 안에서 이루신 구속 사역을 통해 재창조하신 자, 진리 가운데 거듭난 인생을 가리킨다. 이런 새사람의 가장 큰 특징은 옛사람의 육욕에서 벗어나 내주하시는 성령의 지배를 받는 것이다. 이에 반해 '옛사람' 이란 타락한 본성을 좇아 살며, 거짓과 죄악을 일삼고, 그리하여 결국 심판을 받고 멸망할 존재를 가리킨다. 이외에도 '사람' 과 관련된 표현들로, '속사람' 은 영혼을 의미하며, '겉 사람' 은 인간의 육신(몸)을 말한다.

동이東夷족은 태양족인가

서양에서는 은하수를 여신 헤라가 젖을 뿌려서 만들어진 것이라 생각하여 '밀키 웨이(milky way)' 라 불렀고, 동양에서는 밤하늘에 은빛으로 빛나는 물처럼 보이기 때문에 '은하수' 라고 불렀다. 또한 우리 열조들은 은하수를 '용이 잠자고 있는 냇물' 이라는 의미로 '미리내' 라 부르기도 하였다.

견우와 직녀의 설화에 등장하는 은하수는 두 사람을 갈라놓은 한 많은 강이다. 해마다 칠석날이면 오작교가 놓이면서 두 사람은 한 차례씩 만날 수 있다고 전해진다. 은하수를 사이에 두고 밝게 빛나는 독수리자리의 견우성(알타이르)과 거문고자리의 직녀성(베가)이 있기 때문에 그럴 것이다.

망원경을 발명한 갈릴레이는 수많은 이야기를 담고 있는 은하수가 무수한 별의 무리라는 것을 밝혀냈다. 별들이 아주 많이 모여 있어 마치 밤하늘에 흐르는 강물처럼 보였던 것이다. 은하수는 남북을 가로질러 천구 상에서 큰 원을 그리며 나타난다. 맑은 날 밤이면 태양의 반대쪽에 흰 구름처럼 펼쳐지는 은하수를 볼 수 있다. 은하수는 무수한 별의 무리로 겨울철보다 여름철에 더 밝게 보인다. 겨울에는 태양계가 속해 있는 우리 은하의 옆모습을 보지만 여름에는 중심 방향을 보게 되기 때문이다.

별은 행성 · 위성 · 혜성 · 유성을 제외한 스스로 빛을 내는 천체이다. 그 중심의 온도와 압력이 대단히 높기 때문에 수소원자가 서로 결합하여 헬륨원자가 되는 이른바 핵융합반응을 통해서 생성되는 막대한 에너지로 빛이나 열을 발산한다. 별의 지름은 적어도 지구의 100배 정도이며, 우리 태양계에서 이런 크기에 빛과 열을 내는 별로서는 태양이 있을 뿐이다.

별의 종류는 분류하는 방법에 따라 다양하다. 먼저 별을 밝기에 따라 분류해 보면, 약 20여 개의 가장 밝은 별을 1등성, 그 다음 밝은 별을 2등성, 3등성 등으로 차례로 분류하며, 그 숫자가 크면 밝기는 오히려 작아져서 어두운 별이 된다. 맨눈으로 겨우 보이는 별은 6등성이다.

우리나라의 고대 문헌 중, 별을 가장 잘 기술한 것으로 1395년(태조 4)에 제작한 석각천문도인 '천상열차분야지도' 와 '동국문헌비고' 상위고가 있다. 그 밖에도 여러 가지 별의 종류에 따른 관측기록이 '삼국사기', '고려사' 천문지, '승정원일기' 와 '조선왕조실록' 등 여러 문헌에 풍부하게 수록되어 있다.

흑점에 대한 우리나라 최초의 기록으로는 '고려사' 천문지에 "고려 의종 5년 3월 계유일에 해에 흑자가 있어 크기가 계란과 같았다."라는 부분이 있다. 그런데 이런 기록이 고려시대에는 많이 있으나, 조선시대에 오면 전연 보이지 않는다. 이는 태양 활동이 이때로부터 약화되었다는 증거로 보고 있다.

과거의 여러 기록들은 장구한 세월이 지나야 그 변화의 작은 단면을 엿볼 수 있는 별의 존재와 진화를 이해하는 데 반드시 필요한 과학적 관측기록으로서 가치가 높은 것들이다. 왜냐하면, 그 기록이 아무리 간단하고 서툴게 기술된 것이라 하더라도 인간경험의 시간 폭을 조금이라도 연장해 주는 것이기 때문이나 과거의 기록이라 해서 모든 것이 다 과학적이고 따라서 가치 있는 것은 아니다.

옛사람들에게 하늘의 현상과 별들은 '고려사' 천문지의 서두에 기록된 바와 같이 "…하늘이 징후를 나타내어 길흉을 보이면, 성인이 이를 규범으로 삼았다."고 하는 놀라운 대상이었다. 그래서 하늘의 징후는 국가와 조정의 대소사뿐만 아니라, 나아가서는 개인의 길흉을 가리키는 것으로 받아들여졌다.

별 신앙은 별에 신앙을 바치던 사람들의 우주론(우주발생론과 우주구성론)과 맺어져 생겨났다. 제주신화의 〈 천지왕본풀이 〉에서 천지의 구분, 낮과 밤의 구분 및 해와 달의 발생과 함께 별의 발생이 이야기되고 있는 만큼, 별의 발생은 태초의 우주창조에 버금갈 만한 중요한 의미를 지니게 된다.

별의 점치기, 즉 점성술은 바빌로니아 · 이집트의 사례가 보여주고 있듯이 과학적인 관상법이나 천문학과 맺어져 이루어지고 또 실행되었다. 별을 단순히 하늘세계에 국한된 것으로 보지 않고, 별의 운행자리 · 방향 · 모양 · 빛 등이 지상세계의 자연현상, 왕정 그리고 인간생활 전반에 미칠 영향까지 고려해서 별을 에워싼 우주구성론이 형성되고 그것을 발판으로 별점치기가 시행된 것이다.

별은 천지조화 및 천지운세의 원리이면서 아울러 조짐이었으니 별과 더불어 영위되는 천지조화가 있었고 별과 함께 이룩되는 천지간의 운세가 있다는 생각에 기대어서 별점치기가 가능했던 것이다.

구약성경 민수기 24장에 "하나님의 말씀을 듣는 자가 말하며 지극히 높으신 자의 지식을 아는 자, 전능자의 환상을 보는 자, 엎드려서 눈을 뜬 자가 말하기를 내가 그를 보아도 이때의 일이 아니니며 내가 그를 바라보아도 가까운 일이 아니로다. 한 별이 야곱에게서 나오며 한 규가 이스라엘에게서 일어나서 모압을 이쪽에서 저쪽까지 쳐서 무찌르고 또 셋의 자식들을 다 멸하리로다." 고 기록 하였다.

신약성경 마태복음 2장에도 "헤롯 왕 때에 예수께서 유대 베들레헴에서 나시매 동방으로부터 박사들이 예루살렘에 이르러 말하되 유대인의 왕으로 나신 이가 어디 계시냐. 우리가 동방에서 그의 별을 보고 그에게 경배하러 왔노라 하니 헤롯왕과 온 예루살렘이 듣고 소동한지라.(......) 이에 헤롯이 가만히 박사들을 불러 별이 나타난 때를 자세히 묻고 베들레헴으로 보내며 이르되 가서 아기에 대하여 자세히 알아보고 찾거든 내게 고하여 나도 가서 그에게 경배하게 하라. 박사들이 왕의 말을 듣고 갈 새 동방에서 보던 그 별이 문득 앞서 인도하여 가다가 아기 있는 곳 위에 머물러 서 있는지라. 그들이 별을 보고 매우 크게 기뻐하고 기뻐하더라." 고 기록하고 있다.

동이족은 별을 쫓는 무리, 해를 쫓는 무리였기에 상고대 고인돌에 별자리를 새겼으며 고분벽화 속에 그려 넣어진 가장 대표적인 별자리가 북두칠성이었다는 사실과, 전래된 점성술을 위한 여러 별자리그림 중에서 북두칠성이 중심자리에 그려 넣어져 있다는 사실과 함께 고려되어야 할 것이다.

북두칠성 신앙이며 속신의 대상이 된 별들은 한편으로는 한국인의 시심 내지 시정을 일깨우는 데도 큰 힘을 발휘하였다. 사람이 죽어서 된 별을 비롯해서 초월적인 이상과 꿈의 상징으로 생각된 별, 혹은 운명의 빛, 수명의 등불인 별들이 한국인 마음의 밤하늘에 빛나고 있다. 그런가 하면, 견우직녀의 이야기가 펼쳐지는 은하수는 한민족의 시정의 강물로서 우리들 마음이라고 할 수 있는 것이다.

인생후반부

아파트 경로당에는 만 65세가 넘으면 노인회에 가입하면서 나갈 수 있다. 시청에서도 여러 가지 지원을 하고 있다. 우리 힐데스하임 5단지 아파트도 경로당에 나오는 분들이 스무 명 정도 된다. 가끔 들려보면 음식들도 해서 나누어 들고 치매예방이라고 하여 고스톱 놀이도 하고 있다. 주로 여성 노인들이 주류를 이루고 부부가 나오는 경우도 있다. 남성 노인만 나오는 경우는 아주 드물다. 금년에는 코로나 영향으로 폐쇄가 되어 전혀 모이지들 못하고 있는 실정이다.

치매초기가 되거나 몸이 불편 하게 되면 노인유치원이 생겨 40여만 원을 내고 모셔 가고 모셔다 주고 점심 해결, 간식 해결 등 여러 관련지도사가 지도하고 도와주기 때문에 그런 대로 노인유치원을 활용하고 있다. 우리 어머니도 경로당에 다니시다가 치매가 발생하며 돌보던 동생들이 노인유치원으로 자의반타의반에 다니시고 계신다. 하루가 만족스럽다고 하시기는 하지만 어쩔 수 없는 실정이다.

며칠 전에는 노인유치원에서 관리를 할 수 없는 분이 가까운 요양원으로 가셨다고 한다. 질병은 없지만 거의 활동을 하기가 어려운 분들이 요양원으로 가게 되나보다. 나이에 상관없이 질병유무나 활동장애 등이 기준이 되는 것을 알 수 있다. 우리 양 어머니는 천사원에서 10년 정도 계셨다.

질병이 있어 치료를 요할 경우는 요양병원 시설로 들어가게 된다. 요양병원에는 상주하는 의사가 있다. 우리 작은 어머니는 원주 판부면 금대리 요양병원에서 7년을 누워계시다가 소천 하셨다. 간병사가 돌볼 정도로 중증이었다. 가끔 들리면 수척해지는 모습이 역력하였다. 뇌졸중으로 고생하시고 식사도 호수를 착용하여 하셨다. 소변, 대변도 받아 내야 할 지경까지 악화되어 사촌 동생들이 고생이 참 많았다. 물론 150만원 정도의 요양병원비가 매달 나왔으니 부담이 컷을 것이다.

현대의학으로도 치료가 어려워 소생이 될 수 없게 되면 소천을 하며 유족들과 친지들의 애도 속에 기독교병원이나 원주의료원 장례식장을 이용하고 원주, 여주, 횡성 지역에서는 원주하늘나래화장장으로 가게 된다. 화장을 하고 유골함 안치소에 들기도 하고 선산이나 기타 시설에 뿌려지기도 한다.

인생으로 이 땅에 태어나와 자라며 살다가 직업을 얻게 되어 일하며 결혼도 하고 자녀들을 두며 살다가 나이가 들어가며 개인마다 차이는 있을지라도 대다수가 인생후반부에는 경로당, 노인유치원, 요양원, 요양병원, 화장장으로 이동하며 죽음의 길을 가게 되는 것이 이 시대에 여정인가?

> 시편 기자는 34장에서 "너희 자녀들아 와서 내 말을 들으라. 내가 여호와를 경외하는 법을 너희에게 가르치리로다. 생명을 사모하고 연수를 사랑하여 복 받기를 원하는 사람이 누구냐. 네 혀를 악에서 금하며 네 입술을 거짓말에서 금할지어다. 악을 버리고 선을 행하며 화평을 찾아 따를지어다." 고 장수하여 복을 받음을 노래하고 있다.

그러나 100세 시대를 말들 하지만 인생후반부는 몸의 기능이 노화 되고 눈이 어두워지고 힘이 쇠약해지며 육체적으로 장애가 발생하는 것이 일반적이다.

노인은 나이가 많은 사람이다. 성경에는 오래 산 늙은이를 가리킬 뿐 아니라 장로나, 지도자 등을 뜻하기도 한다. 성경에서는, 노인이 되는 것을 일종의 복으로 간주했고, 자식으로서 부모에게 순종한 상급으로 노인의 반열에 설 수 있음을 가르치고 있다. 또한, 노인에 대해 존경할 것을 명하고 있다.

노인은 출생 후 한 평생을 사는 동안 성장기, 청년기, 장년기를 거쳐 노년기에 접어든 사람을 말한다. 노년기는 생물학적, 생리학적, 심리학적으로 개인 간에 서로 차이는 있지만 젊은 세대에 비해 육체적, 정신적 기능이 쇠퇴하는 시기이다. 나이가 몇 살부터 노인으로 보느냐 하는 것은 각 사회와 시대에 따라 다르다. 보통 65세 이상을 노인으로 보고 있으나 이는 심신의 건강이나 기능 상태를 나타내기 보다는 법적 규정이나 통계 또는 노인복지 대상의 기준으로 더 의미가 있다.

이제 내년이면 이 소자도 칠순이 되는 나이다. 아직은 건강보험공단에서 실시하는 건강검사에 특별한 이상이 없는 것이 감사한 일다. 아스피린, 뇌 영양제, 강력비타민 등 몇 가지 섭취하고 있지만 아내는 당뇨, 혈압, 고지혈증, 갑상선 등 움직이는 치료, 예방약을 한줌씩 아침마다 들고 있다.

구순이 넘어 노인유치원을 다니시나 병원입원을 자주 하고 계시는 어머니가 안쓰럽기도 하지만 마음대로 안 되는 것이 현실이다. 거기에 치매현상이 점점 악화되면서 상식적으로 받아 들릴 수 없는 처지가 되어 이만저만 걱정이 아니다. 돌보는 동생들도 무척이나 힘에 겨운 모습이다.

아무튼 인생후반부에 한 10년은 누군가가 돌봐주어야 하는 것이 인생이다. 마치 10살까지 아니 14살 미만은 보호자가 절대적으로 필요한 것처럼 말이다. 이 땅에 살아가는 인생들이 돌봄을 받는 기간은 줄어들고 왕성하게 정상적으로 일하며 대화하고 친교하며 살기를 소망할 뿐이다.

개과자신改過自新

개과자신은 지난날의 잘못이나 허물을 스스로 고쳐 새로워짐이며 인생이 올바르고 착하게 됨이다. 예수는 '회개하라. 천국이 가까이 왔느니라.' 고 하셨다. 창조주 하나님의 원복으로서 아담이 창조라면 인류를 구원하시기 위해 오신 예수그리스도는 재창조이며 십자가와 부활로 구원의 성취이고 다시 오심으로 완성하신다. 새 하늘과 새 땅, 하나님나라를 이루신다.

改자는 뜻을 나타내는 등글월문(攵(=攴)일을 하다, 회초리로 치다)部와 음을 나타내는 己(기→개)가 합하여 이루어진다. 음을 나타내는 己(기→개)는 굽은 것이 바로 펴지려고 하는 일, 후세의 起(기 일어나다)가 같은 글자이다. 등글월문(攵(=攴)일을 하다, 회초리로 치다)部는 손이나 몸으로 동작하는 일, 즉 굽은 것을 바로잡다→태도를 고치다→개선하다의 뜻이다.

改자의 갑골문을 보면 巳(뱀 사)자와 攵자가 결합한 형태였다. 巳자는 사전 상으로는 '뱀' 이라는 뜻을 가지고는 있지만, 본래는 태아를 그린 것이다. 다만 갑골문에 쓰인 巳자는 '태아' 가 아닌 '어린아이' 로 해석해야 한다. 회초리로 어린아이를 훈육하는 모습을 그린 것이다. 그래서 잘못을 바로잡는다는 의미에서 잘못을 '고치다' 나 '바꾸다' 라는 뜻을 갖게 되었다.

過자는 뜻을 나타내는 책받침(辶(=辵)쉬엄쉬엄 가다)部와 음을 나타내는 글자 咼(와→과 입이 삐뚤어짐)의 뜻이 합하여 바른 길을 지나쳤다는 데서「지나다」를 뜻한다. 어떠한 상황이나 상태가 지나갔음을 뜻하기에 길을 걷는 모습을 그린 辶자가 '지나가다' 라는 뜻을 전달하고 있다. 다만 지금은 '초과하다' 나 '넘치다' 와 같이 한계를 넘어선다는 뜻이 확대 되었다.

自자는 사람의 코의 모양을 본뜬 글자→코, 사람은 코를 가리켜 자기를 나타내므로 스스로란 뜻으로 삼고 또 혼자서…로부터 따위의 뜻으로도 쓴다. 나중에「코」의 뜻에는 鼻(비)란 글자가 생겼다. 自자가 사람의 코를 정면에서 그린 것으로 갑골문에서는 코와 콧구멍이 그대로 묘사되어 있었다. 그래 코는 사람 얼굴의 중심이자 자신을 가리키는 위치이기도 하다.

보통 나 자신을 가리킬 때는 손가락이 얼굴을 향하게끔 한다. 이러한 의미가 점차 '자기' 나 '스스로' 라는 뜻을 갖게 되었다. 이렇게 자신을 가리키는 말로 쓰이게 되면서 지금은 여기에 畀(줄 비)자를 더한 鼻(코 비)자가 '코' 라는 뜻하고 있다. 어떤 명사 앞에 쓰이어 -부터, -에서(서)와 같은 뜻을 나타내는 한자어이다. 시간이나 공간에 관한 낱말 앞에 쓰인다.

新자는 뜻을 나타내는 날근(斤도끼)部와 木(목), 음을 나타내는 辛(신)이 합하여 이루어진다. 辛과 木으로 진(辛+木→榛개암나무, 잡목숲)의 옛 글자)에 斤(근 나무를 베는 도끼)을 더한 글자이다. 나중에 나무를 하다→땔나무의 뜻은 초목을 나타내는 초두머리(艹(=艸 풀, 풀의 싹)部를 더하여 薪(신)이라 쓰고 新(신)은 베다→새롭다→새롭게 하다의 뜻으로 쓰였다.

갑골문에는 辛자와 斤자만이 이미지다. 辛자는 발음요소고 斤자가 '자르다' 라는 뜻을 전달한다. 금문에는 여기에 木자가 더해지며 지금의 新자가 만들어지게 되었다. 본래 나무를 잘라 '땔감' 을 만든다는 뜻이었지만 후에 나무를 자르고 다듬어 '새로운 물건을 만든다.' 라고 확대되었다. 소전에서는 艹(풀 초)자를 더한 薪(섶나무 신)자가 '땔감' 이라는 뜻이 되었다.

혁신이란 아이디어의 원천이 조직 내부이든 외부이든 상관없이 새로운 아이디어를 도입하고 그것을 개발해 실용화하는 전 과정을 말하기도 한다. 그리고 기술 혁신이란 기존 제품의 개량, 신제품의 개발에 있어서 새로운 기술을 도입해 경쟁우위의 제품을 창출하는 기술적 진보를 의미한다.

혁신은 조직 내의 다양한 장소에서 다양한 형태로 발생하는데 일반적으로 기술 혁신, 관리 혁신, 인적 자원 혁신의 세 가지로 분류가 가능하다. 이러한 세 가지 유형은 서로 독립적으로 발생하기보다는 상호 의존적으로 발생한다. 혁신은 현대적 기술 사업에서 매우 중요한 역할을 한다. 혁신적인 연구에 투자하는 일은 세계선도 기업으로서의 책임인 동시에 세계 시장에서 경쟁력을 강화하고 미래의 수익성에 투자하는 일이다.

기독교는 예수의 삶과 교훈이 후세에 편집되어 '성서'로 정경화가 되었고, 기독교인들은 이것을 하나님의 인류구원에 대한 유일한 진리로 받는다. 그런데 이 진리에 대한 해석은 민족과 문화에 따라 차이가 생겨, 나중에 로마가톨릭교회 · 동방정교회 · 프로테스탄티즘의 3대 교회로 분리되었고, 프로테스탄티즘은 그 성격으로 해서 다시 300여 개 교파가 되었다.

객가客家

객가인은 중국 남부에 거주하는 한족의 8파 중 하나이다. 로마자 표기로는 Hakka이다. Hakka의 영어 발음에서 따와서 '하카'라고도 하는데 객가어 발음은 학가(Hak.ka)이다. 소수임에도 불구하고 특유의 정체성을 간직하고 있으며 중화권 역사에 크게 성공한 사람이 많다. 그래서 별명이 동양의 유대인이다.

객가족은 거의 명문 후손이라고 주장하지만 일부 명문 후손이 국가가 망하자 떠돌이가 되어 객가가 되었을 가능성이 더 크다. 가장 가까운 대이동은 청나라 중기에 여러 자연재해로 인한 이동이 있으며, 청나라 말기에 발발한 아편전쟁 이후에 개항 항구의 일자리를 얻기 위해 이동한 자들도 '객가' 라고 부른다.

이들은 토루라는 요새 같은 집을 짓고 거주했는데, 난민이라는 특성상 남을 못 믿고 사나우며 폐쇄성이 강한데다 집단규모가 원체 커서 현지인들과 항상 무력충돌을 빚었는데, 1850년대 집단난투극 계투에서는 수십만 명의 사망자를 냈다. 객가인들은 근현대시기에 반란이나 혁명에 참여하는 경우가 많았다.

그래서 혁명이 성공하면 지도부나 유명정치인이 되는 경우가 많았다. 홍수전, 쑨원, 마오쩌둥, 덩샤오핑, 주더가 대표적인 예며, 대만에서도 리덩후이, 마잉주, 차이잉원이 대표적인 객가인 또는 객가인 혼혈 출신으로 총통 자리에까지 올랐고, 싱가포르의 국부인 리콴유와 그 아들인 리셴룽도 객가인 출신이다.

다른 한족 집단과는 달리 하카인들은 산간부에 많이 거주하며, 독특한 언어와 문화를 가지고 있다. 소수파로 세력이기에 중앙 정권이나 왕조와 좋은 관계를 유지하려고 하는 경향이 있었다. 그리고 조상에 대한 의식이 강해 집단 내에서 자기들끼리 통하는 사료 등으로 인하여 한인으로서의 자의식이 강하다.

이주민들은 토지의 소유가 어려웠기에 유통이나 상업에 종사하는 사람들이 많았고, 교직에도 많은 사람들이 종사하고 있다. 이러한 특징 때문에 '중국의 유태인' 등으로 불리기도 한다. 하카인들이 많은 지역은 중국 공산당이 매우 강한 영향력을 가지기 때문에 하카인들 중에는 공산당에 참가한 사람이 많았다.

세계문화유산으로 잘 알려져 있는 푸젠 토루(원형은 원 누각, 정방형 등 사각형은 방루)로 불리는 독특한 집합 주택은 하카인 전체의 거주 관습이 아니라 푸젠성의 일부 산간부의 하카인들에게서 환경적인 요인으로 볼 수 있는 것으로 외부로부터의 습격을 막기 위해서 만들어졌으며, 일족이 모여 거주하고 있다.

객가인들은 왜 스스로를 주인이 아니라 '손님'이라고 불렀을까. 중국 대륙에서는 진나라부터 전란과 재해로 인해 대규모 유민이 다섯 차례 발생했다. 전부 북에서 남으로의 이동이었는데, 1차는 한나라가 멸망한 다음 탁발선비 등 북방 유목민들이 대거 남하하여 중원을 장악하고 치열한 각축전을 벌였을 때였다.

2차는 당나라 안사의 난, 황소의 난에 이어진 오대십국의 혼란기다. 3차는 송나라가 거란족의 요나라와 여진족의 금나라에 밀려, 몽골의 원나라가 다시 남하하여 그마저 멸망시킨 시기다. 4차는 명나라가 말기 혼란에 빠졌던 시기, 5차는 청나라가 서양 제국이 침략하고 태평천국의 난이 대륙을 휩쓸던 시기이다.

유랑민이 되어 연고도 없는 산지로 들어가 농토를 개간하고 자리를 잡고 거대한 살림집, 한 마을이 모두 한 집에 모여 사는 집이 바로 토루다. 토루의 가장 큰 특징이 있다. 대가족 집체주택이다. 이주 과정이든 정착 과정이든 대가족이 힘을 합치는 것이 생존의 필수조건이었으니 집체주택은 자연스러운 결과였다.

집을 지을 때 현재의 가족뿐 아니라 훗날 늘어날 가족까지 염두에 두고 당장의 필요보다 큰 집을 짓기도 하였다. 일례로 청조 초기 열 명의 가족이 방 64칸짜리 4층 토루를 지었는데, 그 집터가 지금도 남아있다. 20세기 초에 지은 토루는 4층으로 방이 288칸이나 됐고 최대 900여명이 같이 살기도 하였다.

마당 중앙에는 조당을 지어 조상을 모시는데, 소농경제사회의 종법제도에 따른 것이다. 마을에 처음 들어왔거나 토루를 신축한 조상을 모셨다. 조상의 생일과 기일에 토루 거주자들이 모두 모여 제사를 지낸다. 그러나 주택이 집체성이고 공동의 방어가 중요해도 가가호호의 경제활동과 일상생활은 독립이 되었다.

객가인은 '외지에서 온 사람들' 또는 '타향에 사는 사람들'이란 말로 삼묘족의 후예라고 한다. 이들은 머리가 좋고 부지런해서 경제 분야에서 두각을 나타내며, 관료 출신도 많다. 세계 전역에 약 8,000만 명 정도가 살고 있는데, 객가인들은 고유 언어인 객가어와 전통문화를 보존한 채 고향을 떠나 동남아와 대만, 중국 각지 또는 미주 등에 살고 있다.

미국, 일본을 비롯하여 세계도처에 한인들이 이주하여 한인 타운을 이루기도 한다. 어쩌면 현대판 객가인이라고 할 수 있지 않을까 생각해 본다. 이 시대에 우리나라 선교사들도 미국 다음으로 많이 나가고 있다. 사업을 하려니 처처로 나간다. 한류가 일어 방탄소년단을 비롯하여 연예인들도 많이들 활동을 하고 있다.

여우 여시 남태령

如는 씨 뿌리는 남자와 같이 당연하게 맞서 영향이나 작용 따위가 대상에 가하여지다. 법의 실상이란 뜻이다. 모든 법에 통도하는 영구히 변하지 않는 이성이다. 如자는 뜻을 나타내는 동시에 음을 나타내는 계집녀(女여자)部와 말을 뜻하는 口(구)로 이루어진다. 여자가 남의 말에 잘 '따르다' 의 뜻→전하여, '같다' 의 뜻이다. 또 음 빌어 若(약)과 같이 어조사로 쓰였다. 여기서 口자는 사람의 입을 그린 것으로 '말' 을 뜻하고 있다. 여자가 남자의 말에 순종하는 모습을 표현한 것이다. 부권 중심의 전통사회에서 여성의 순종을 미덕으로 삼았던 가치관이 낳은 글자라 할 수 있다. 그래서 본래의 의미는 '순종하다' 였다. 하지만 지금은 주로 '~와 같다' 라는 뜻으로 쓰이고 있다.

女자는 달거리를 하여 씨를 받게 되기에 짝지어 줄 수 있는 누이를 붙여주어 보호하다가 정말 보호해야 하는 남자를 붙여 주는 대지(땅)의 사람인 딸이다. 남자는 여자의 집으로 들어가 결혼을 통하여 대지위에 서게 된다. 즉 모계사회다. 여자가 손을 앞으로 모으고 무릎을 꿇고 앉아 있는 모양을 본뜬 글자로 「계집」, 「여자」를 뜻한다. 연약한 여성의 모습이다. 그러나 옛날엔 여자나 남자나 모두 人(인)과 같은 모양으로 쓰고 또 女(녀)라는 자형으로 써도 그것은 남녀의 여자를 가리키는 것이 아니고 사람이 신을 섬기는 경건한 모습을 나타내는 것이었다. 누에가 나방이 되어 알을 낳듯이 자녀를 낳을 수 있는 사람이다. 여시는 여우의 방언이며 아직 어린 여자를 가리킨다.

虞는 염려하고 속을 태우거나 우울해하다, 편안하게 살면서 즐기다, 순임금처럼 헤아리며 돕다. 남편을 도와 살다. 등의 뜻을 갖고 있다. 뜻을 나타내는 범호엄(虍 범의 문채, 가죽)部와 음을 나타내는 吳(오→우)가 합하여 이루어진다. 吳字는 큰소리치다, 떠들썩하다는 뜻이다. 吳(오)와 동자이다. 입구(口 입, 먹다, 말하다)部와 夨(녈)로 이루어진다. 구(口)는 노래, 夨(녈)은 사람이 머리를 「기울이다」의 뜻이다. 誤는 그르치다, 의심하여 수상히 여기다. 如虞는 여와, 여시라는 말이 파생하게 되었으며 여호와, 야훼 등으로 파생되어 구약성경에 들어갈 만큼 세계역사 즉 당시의 족속이동은 동아시아지역으로부터 메소포타미아 등으로 세계도처로 흩어지는 것을 추정할 수 있다.

> 아담이 다시 아내와 동침하매 그가 아들을 낳아 그 이름을 셋이라 하였으니 이는 하나님이 내게 가인의 죽인 아벨 대신에 다른 씨를 주셨다 함이며 셋도 아들을 낳고 그 이름을 에노스라 하였으며 그 때에 사람들이 비로소 여호와의 이름을 불렀더라. 여호와께서 아브람에게 나타나서 내가 이 땅을 네 자손에게 주리라 하신지라. 그가 자기에게 나타나신 여호와를 위하여 그곳에 단을 쌓고 거기서 벧엘 동편 산으로 옮겨 장막을 치니 서는 벧엘이요. 동은 아이라. 그가 그곳에서 여호와를 위하여 단을 쌓고 여호와의 이름을 부르더니 점점 남방으로 옮겨 갔더라. 그 땅에 기근이 있으므로 아브람이 애굽에 우거하려 하

여 그리로 내려갔으니 이는 그 땅에 기근이 심하였음이라.(창 4:25-26, 12:7-10)

유대신화의 릴리트와 타락한 천사장 루시퍼는 당 시대에 환락, 유흥 등 감정을 활용하여 살아가는 업에 종사한 것으로 보인다. 물론 도시의 환락가처럼 말이다. 릴리트는 '릴리리야, 닐니리야 니나노'와 어울리며 루시퍼는 '룰루날라 룰루루 싫어'와 어울리는 말이다. 릴리트는 아담의 첫 번째 아내로 말하고 있다. 그러나 아담을 버리고 떠나 이집트에서 루시퍼를 만나 처음에는 좋았으나 결국은 불행으로 끝났다고 한다. 阿는 남녀궁합 뜻이다. 아담은 곡식을 주어 담는다는 뜻이다. 이브는 누에를 기르는 뜻이다. 가인은 농사를 지었다. 농사를 지으려면 물을 활용하고 해, 달을 보고 일기 천문을 살펴야 한다. 아벨은 별난 사람으로 별을 보며 양, 소 등을 치는 목축을 하였다.

誤자는 뜻을 나타내는 말씀언(言 말씀)部와 음을 나타내는 吳(오)로 이루어진다. 吳(오)에서 口(구)를 뺀 자인 夨(녈)은 머리를 기울인 사람의 모양→바르지 못함, 口(구)는 입→말, 음(音)을 나타내는 吳(오)는 나라 이름, 또 娛(오) 따위 다른 글자의 부분(部分)으로도 쓰기 때문에 잘못이란 뜻인 때는 言(언)을 다시 더하여 誤(오)라 쓰였다. 言(말씀 언)자와 吳(나라이름 오)자가 결합한 모습이다. 吳자는 머리가 기울어진 사람을 그린 것이다. 이렇게 머리가 기울어진 모습을 그린 吳자에 言자가 결합한 誤자는 '깨닫지 못하여 그르치다, 말이 기울다' 즉, '말이 잘못됐다' 라는 뜻을 표현한 것이다. 다만 지금의 誤자는 말뿐만 아니라 행동이나 태도가 잘못됐음을 뜻하기도 한다.

남태령은 관악구 남현동에서 과천시 과천동으로 넘어가는 고개로서, 서울특별시와 경기도의 경계가 되는 고개이다. 여우고개 · 여시고개 · 야시고개 · 호현 · 엽시현 · 남현 등 여러 이름으로도 불렀다. 이 고개를 남태령으로 부르게 된 전설이 있다. 어느 해 정조가 사도세자의 능인 융릉으로 가는 길에 이 고개마루에서 잠시 쉴 때 고개 이름을 물었다. 이때 과천현 이방 변씨가 머리를 조아리며 "남태령입니다." 라고 하였다.

이때 한 신하가 "이 고개 이름은 예로부터 여우고개라 하거늘 어찌 상감께 거짓으로 아뢰느냐." 하며 힐책하자, 이에 변이방은 "본디 여우고개라고 하나 그런 요망스런 말을 감히 아뢸 수 없어 삼남대로로 통하는 첫 번째 큰 고개이므로 삼가 남태령이라 한 것입니다." 라고 아뢰었다. 정조는 이를 가상히 여겨 변이방을 칭찬하였으며 이 뒤부터 남태령이라 부르게 되었다 한다.

마귀의 기원

마귀는 일이 잘 되지 않도록 헤살을 부리는 요사스러운 방해물로 못된 잡귀를 일컬음이다. 하나님과 대립 존재하여 여러 악귀를 거느리고 사람을 유혹하여 죄를 저지르게도 하고 병에 걸리게도 하는, 죄악의 원천으로서의 인격적 실재 아담과 이브에게 원죄를 짓게 한 주체로 알리어져 있다.

麻자는 엄호(广 집)部와 부수를 제외한 나머지 글자 林(파 삼의 껍질을 벗김)의 합자이다. 집안에서 삼 껍질을 벗긴다는 뜻을 나타낸다. 삼 껍질로 실을 만들기 위한 과정이 그려져 있다. 삼에서 실을 얻기 위해서는 마를 수확한 후에 물에 쪄내야 하는데, 다 쪄진 마는 바람이 부는 선선한 곳에 말린다. 삶은 마를 선선한 곳에 널어놓은 모습을 그린 것이다. 그러니 麻자에 쓰인 广(집 엄)자는 뜻과는 관계없이 그늘이 진 곳을 표현한 것에 불과하다. 마의 잎과 꽃에는 감각을 일시적으로 마비시키는 성분이 있다. 그래서 예로부터 마는 마취제의 일종으로 쓰이기도 했으며 지금도 항생물질이나 진통제로 연구되고 있다. 그래서 '삼베' 뿐 만 아니라 '마비' 나 '마취' 라는 뜻도 함께 갖게 되었다.

鬼자는 무시무시한 머리를 한 사람의 형상으로 죽은 사람의 魂(혼)의 뜻을 나타낸다. 부수로 쓰일 경우에는 영혼이나 초자연적인 것, 그 작용에 관한 의미를 담고 있다. 옛사람들은 혼을 양, 백을 음으로 보았는데,

사람이 죽으면 혼은 양의 성질을 가지고 있어서 하늘로 돌아가고 백은 음의 성질을 갖기 때문에 땅으로 돌아간다고 생각했다. 즉, 혼백은 사람이 사는 동안 몸에 머물러 있던 기의 개념이다. 그러한 기를 뜻하는 글자로 '귀신' 이라는 뜻을 갖고 있다. 하지만 鬼자는 귀신을 그린 것이 아니다. 왜냐하면, 갑골문을 보면 무릎을 꿇고 있는 사람의 얼굴에 田(밭 전)자가 이미지다. 이것은 '가면' 을 쓴 사람이 제사를 지내고 있는 모습을 표현한 것으로 이러한 모습이 변형 된 것이다.

악한 영들 곧 귀신들의 우두머리인 사탄을 일컫는다. 마귀를 뜻하는 헬라어 '디아볼로스' 는 '고소자' , '중상자' 를 의미한다. 초자연적인 능력을 소유하여 하나님의 일을 대적하고 사람들을 죄로 미혹하며, 하나님께 고소하는 일을 하고, 항상 사람들의 영혼을 노략질하려 한다. 하지만 그 모든 일은 하나님의 통제 하에서 이뤄진다. 그리고 마침내는 영원한 유황불 형벌에 떨어지게 된다.

마귀의 별칭으로는 옛 뱀, 용, 벨리알, 아바돈, 아볼루온, 바알세불, 사탄, 무저갱의 사자, 참소자, 귀신의 왕, 세상의 임금, 어둠의 세상 주관자, 죽음의 세력을 잡은 자, 세상의 신, 거짓의 아비, 살인한 자, 거짓말쟁이, 공중의 권세 잡은 자, 원수, 대적 등이다. 현대에도 악의 화신이 된다.

원어이해로 (사탄)-헬라어로는 '사타나스' 인데, '적대하다' 는 뜻으로 '대적자' , '원수' 라는 의미가 강하다. 반면 '디아볼로스' 는 '훼방하다' , '비난하다' 는 뜻으로 '고발자' , '비방자' 라는 의미가 강하다.

치우에 대한 기록은 사마천의 《사기》〈오제본기〉를 비롯한 중국의 기록으로 전해지고 있다. 신농의 치세 말기에 세상이 혼란스러워지자 헌원이 신농을 대신하여 세상을 안정시켰는데, 이때 치우가 가장 포악하여 염제도 손을 대지 못하였다. 일부 신화에는 치우에게 81명(또는 72명)의 형제가 있었으며, 여섯 개의 팔과 네 개의 눈, 소의 뿔과 발굽이 있고 머리는 구리와 쇠로 되어 있었다고 한다. 처음으로 창과 방패 등의 무기를 사용하였다고 설명되기도 한다. 한반도에는 귀면와도 전하고 있다. 치우의 부족은 일부가 헌원에 협조했고, 일부는 여족, 일부는 요족이 되었다고 한다.

치우와 헌원이 전쟁을 벌였던 사실은 흔히 '황제신화'라고 부르며 이러한 신화를 해석하는데 있어서 많은 의견이 존재하였다. 치우가 이끌었던 구려 족은 먀오족의 조상이라고 하며 양쯔 강 유역에 거주하였다고 한다. 대체로 치우로 상징되는 양쯔 강 유역의 남방 부족과 황제로 상징되는 황하 유역의 한족이 전쟁을 벌였던 것으로 보는 것이 전통적인 견해였다. 그러나 이집트까지 치우에 관련된 이야기가 전해오고 있으니 치우는 역사적으로는 5,000년 전경으로 추정이 되고 있다.

1만년전경 순다랜드 지역에 있던 염라, 탐라, 사라, 다라, 나라 등 대마를 재배하여 삼베를 짜서 옷을 입던 무리를 생각하게 된다. 요즘은 마리화나 등 환각제라 하여 대마재배관리법이 있어 관계당국에서 아편을 생산하는 양귀비처럼 관리하고 있다. 이처럼 마(麻,摩,磨,魔,痳)자는 부정적인 면을 강조하는 쓰이고 있는 것이리라. 그러나 라(羅)는 국가이름에 붙여 긍정적인 면을 강조하는 것이다.

閻은 마을, 동네의 어귀에 세운 문, 사람이나 차가 많이 다니는 넓은 길, 백성의 살림집이 많이 모여 있는 곳, 아리땁다, 아름답고 예쁘다 등의 뜻을 가지고 있다. 큰 마을에 사는 아가씨라는 '여염집규수' 라는 말이 있다. 염라국은 당시에 총18장관 5만 옥졸을 거느린 나라이었다니 대단하다.

지옥地獄은 지옥池屋이다

地자는 墬(지), 埅(지), 隆(지), 嶳(지)가 고자이다. 온 누리(也 큰 뱀의 형상)에 잇달아 흙이 깔려 있다는 뜻을 합한 글자로 「땅」을 뜻한다. 也자는 주전자를 그린 것이다. 이렇게 물을 담는 주전자를 그린 也자에 土자를 결합한 것으로 흙과 물이 있는 '땅' 을 표현하고 있다. 잡초가 무성한 곳에서는 뱀을 흔히 볼 수 있다는 의미에서 '대지와 뱀' 을 함께 그린 것으로 보기도 한다. 처해 있는 형편이다.

獄자는 개사슴록변(犭(犬))部와 犬(견)와 言(언)의 합자이다. 두 마리의 개가 서로 짖어댐의 뜻이다. 전하여, 原告(원고)와 被告(피고)의 입싸움과 각(石＋角)과 통하여 굳게 문을 닫고 나오지 못하게 가두어 두는 곳이다. 犭와 犬 사이에 言이 있어 마치 개 두 마리가 서로 으르렁거리며 싸우는 모습과도 같다. 사실 자신이 옳다며 서로 다투는 모습을 개의 공격성에 비유해 만든 글자이다. 그래서 獄자의 본래 의미는 '시비를 논쟁하다' 였다. 하지만 시비에 대한 판가름이 나면 누군가는 반드시 옥에 가게 된다는 의미가 파생되면서 지금은 죄인을 가두는 '감옥' 을 뜻하게 되었다.

池자는 뜻을 나타내는 삼수변(氵(=水, 氺)물)部와 음을 나타내는 동시에 둘러 '싸다' 의 뜻을 나타내기 위한 也(야)로 이루어진다. 池자는 水(물 수)자와 也(또 야)자가 결합한 모습이다. 池자에 쓰인 也자는 주둥이가 있는 주전자를 그린 것이다. 주전자는 물을 담거나 흘려 내보내는 역할을 한다. 그러니 池는 물이 흘러들어 들어오거나 나가기도 하는 '연못' 이나 '도랑' 을 표현하기 위해 주전자를 그린 也자를 응용한 글자라 할 수 있다. 也자는 뱀의 형상을 그린 것으로 보기도 하지만 주전자를 뜻하는 匜(주전자 이)자가 있는 것을 보면 여기에서는 물을 담는 주전자를 그린 것으로 해석하는 것이 타당하다.

屋자는 사람이(尸) 이르러(至) 머물 수 있는 곳으로 「집」을 뜻한다. 尸(시)는 사람이 누워서 쉬고 있는 모양이며 人體(인체)나 家屋(가옥)에 관계가 있음을 나타냄의 뜻과 至(지)는 속까지 닿아 이르다→안쪽 방을 나타냄의 뜻이 합하여 사람이 이르러 머문다는 데서 「집」을 뜻한다. 尸(주검 시)자와 至(이를 지)자가 결합한 모습이다. 至자는 화살이 땅에 박혀있는 모습을 그린 것으로 '다다르다' 나 '(영향이)미치다' 라는 뜻이 있다. 시신을 뜻하는 尸자에 至자를 더한 것으로 '조상의 영혼이 머무는 곳' 이라는 뜻으로 만들어졌다. 이전에는 屋자가 조상의 명패를 모시던 방이라는 뜻으로 쓰였었다. 그러나 지금은 이러한 의미와는 관계없이 단순히 '집' 이나 '주거 공간' 이라는 뜻으로 쓰이고 있다.

"나는 알파와 오메가요. 처음과 마지막이라. 내가 생명수 샘물을 목마른 자에게 값없이 주리니 이기는 자는 이것들을 상속으로 받으리라. 나는 그의 하나님이 되고 그는 내 아들이 되리라. 그러나 두려워하는 자들과 믿지 아니하는 자들과 흉악한 자들과 살인자들과 음행하는 자들과 점술가들과 우상 숭배자들과 거짓말하는 모든 자들은 불과

유황으로 타는 못에 던져지리니 이것이 둘째 사망이라." (계 21a)

누가복음 16장은 "만일 네 손이 너를 범죄 하게 하거든 찍어버리라. 장애인으로 영생에 들어가는 것이 두 손을 가지고 지옥 곧 꺼지지 않는 불에 들어가는 것보다 나으니라. 만일 네 발이 너를 범죄 하게 하거든 찍어버리라. 다리 저는 자로 영생에 들어가는 것이 두 발을 가지고 지옥에 던져지는 것보다 나으니라. 만일 네 눈이 너를 범죄 하게 하거든 빼버리라. 한 눈으로 하나님의 나라에 들어가는 것이 두 눈을 가지고 지옥에 던져지는 것보다 나으니라. 거기에서는 구더기도 죽지 않고 불도 꺼지지 아니하느니라." 고 기록하고 있다.

거지 나사로와 부자 세르반테스 이야기를 통하여 음부의 고통을 알게 된다. 아브라함은 나사로는 고난을 받았으니 이제 그는 여기서 위로를 받고 너는 괴로움을 받는다고 하였다.

그리고 너희와 우리 사이에 큰 구렁텅이가 놓여 있어 여기서 너희에게 건너가고자 하되 갈 수 없고 거기서 우리에게 건너올 수도 없게 하였다.

지옥 편은 단테의 서사시 제 1가는 『신곡』 전체의 서곡이기도 하다. 1300년 단테가 35세 때, 인생의 올바른 길을 잃고 어두운 숲 속에서 헤매다가, 성녀 베아트리체가 보낸 대시인의 안내로, 지구의 북반구에 있는 큰 구렁이인 지옥에 이르러, 3일간 비겁 · 음란 · 이단 · 난폭 · 악의

· 배반 등 여러 가지 죄가 벌을 당하는 것을 보고, 또 단테 자신이 매국노 · 귀족 등 그를 무고한 죄에 떨어뜨린 정적을 사정없이 형벌에 처한 후, 이윽고 별이 보이는 연옥으로 넘어가기까지의 내용 『신곡』 중 가장 걸작 편이다.

지옥은 중생이 자기가 지은 죄업으로 가서 나게 된다는 지하의 세계, 큰 죄인으로서 그 죄의 사함을 얻지 못하고 영벌을 받는다는 곳, 어둡고 추하고 처참한 곳의 비유, 아주 괴로운 지경이다.

간빙기 이후 지구는 커다란 기후변화를 겪게 된다. 순다랜드는 타이완 해저 북성, 제주도 영주산, 남해(다도해), 서해 홍도, 발해만으로 이어진다. 황허강, 압록강, 청천강, 대동강, 한강, 금강, 영산강, 섬진강 등이 흘러 이 지역을 거치면서 양쯔강과 만나며 태평양 오끼나와까지 이르는 평원대강 낮은 지역을 말한다. 이 순다랜드가 해수면 상승으로 바다가 될 무렵 평원대강 가에는 연못도 갖춘 집들이 있었다.

이곳은 염라대왕이 18장관과 5만 옥졸이 다스리는 염라국이 있었다. 뽕나무가 있었고 사과나무도 있었다. 노끈이나 밧줄, 삼베옷을 짜는 대마도 재배되었다. 140m정도의 해수면이 높아지자 강가에 있던 집들은 물에 잠기게 되었다. 처음에는 낮은 지역 즉 저승이 물에 잠기기 시작하였지만 점차 조금 높은 지역까지 물이 차니 차승이 되었다.

그 후 점점 물이 차올라 높은 지역인 이승으로 올라갈 수밖에 없었으니 그곳은 산동반도, 한반도 등이었을 것이라 예상이 된다. 地獄은 池屋이다. 즉 연못이 있던 집들, 오늘날 강가에 전원주택이라고나 할까?

모두가 바닷물 속으로 잠기게 되니 이 저승과 이승을 오가는 사자가 저승사자인 것으로 보인다. '상전벽해' 하룻밤을 자니 뽕나무 밭이 바다가 되었다. 수많은 사람들이 수장되었다. 훗날 살아남은 이들이 죽은 자들을 위해 지구의 6-7할이나 되는 고인돌을 세운 것은 아닐까? 동해로 흘러가는 '낙동강' 이다. 베링 해로부터 흘러넘치는 물들로 인하여 결국 해수면 상승은 갇혀 있던 동해도 캄차카반도, 대마도 등과 연결이 되면서 태평양과 맞닿게 된 것으로 추정할 수 있다. 그 후 고래 떼가 영일만으로 들어오며 알래스카로 순환하게 되니 그 고래 그림이 울산 반구대 암각화에 그려진 것으로 추정을 해 본다. 창녕에서 발견된 배, 울진 녹나무 배는 8,000년 전으로 밝혀졌다. 양양 빗살무늬토기도 7,000년 전으로 밝혀졌다.

부산 동삼동 패총의 어구들도 뒷받침 하고 있다. 백두산이나 한라산 화산 활동도 6,000년 전에는 있었다. 이 시대에 벌어진 상황은 한마디로 '아비귀환' 이 아니었겠는가? 상상해 본다. 지구에서 큰 재앙은 화산, 지진, 태풍, 건조현상 등이다. 물론 행성끼리 충돌도 상상할 수 있겠다. 이런 재해현상이 닥친 상황이 지옥일 것이다. 흔히 교통지옥, 입시지옥 등 어려운 상황을 말하곤 한다. 지금은 세계가 매우 답답한 상황 코로나 19 지옥인가?

음양인 사방지

조선 시대를 담은 실록에는 선비 김구석의 아내 이씨와 노비 사방지의 간통 사건이야말로 기이하고 미묘하다고 하지 않을 수 없다. 옛날에 양반 댁 마님과 노비의 간통 사건이 발각되면 재판권을 갖고 있는 수령이 두 사람을 법령에 따라 처벌하고 여인은 자녀안(恣女案)에 올리면 그만이었다.

고려 시대부터 시작된 〈자녀안〉은 행실이 음란하고 방탕한 사대부 가문의 여자를 기록해 국가에서 그 신분을 낮추거나 자손들의 관직을 제한하기 위해 만든 장부인데, 자칫 등록되기라도 하면 당사자는 물론 가문까지도 사회적으로 매장되기 때문에 가족들에 의한 명예살인도 종종 일어났다.

이씨와 사방지의 경우는 사건 관련자들의 신분도 규정하기 애매해서 임금과 조정 중신들이 골칫거리였다. 여자는 공신의 자손으로 명문 사대부가에 시집 장가보낸 자식이 둘이나 있었으나 자신의 애정행각을 당당하게 과시한 여걸이었고, 노비는 남녀 구별이 모호한 양성인이었기 때문이다.

호남아였던 안맹담의 아내 정의공주는 어렸을 때부터 매우 총명하여 아버지 세종의 훈민정음 창제에 많은 도움을 주었고 여러 대군이 풀지 못한 사투리 문제를 해결해 큰 상을 받았던 재녀였다. 세조는 왕자 시절부터 막내여동생인 그녀와 함께 불경을 언해하는 등 매우 각별한 사이였다.

이처럼 막강한 가문의 사노비로 태어난 사방지는 기이하게도 음양인이었다. 해부학적으로 자웅동체나 양성구유라고 하는데, 태어날 때부터 여자와 남자의 성기를 동시에 가지고 태어난 사람이었다. '남녀추니' 또는 '어지자지' 라 하거나 고상한 표현으로 '고녀' 또는 '반음양' 이라고 부른다.

얼굴이 매우 예뻤던 사방지는 이런 반음양 중에서도 유전적으로는 여성이지만 외부생식기는 남성의 형태를 갖춘 특이한 존재였다. 사방지의 어머니는 이런 자식의 본색을 숨기기 위해 어렸을 때부터 얼굴에 연지와 분을 발라주고 여복을 입혔으며 바느질을 가르치는 등 완벽한 여자로 키웠다.

장성한 사방지는 홀몸이 된 과부들을 유혹해 무수히 통정했지만 겉모습이 완전한 여자였으므로 아무런 의심도 받지 않았다. 양인 여성들의 바깥나들이가 제한되고 연애는 물론 개가까지도 죄악시하던 당대의 숨 막히는 분위기 속에서 음양인 그의 존재는 일종의 해방구 역할을 했을 것이다.

상전이 혼기가 찼다는 이유로 남자노비와 맺어주기라도 하는 날에는 자신의 정체가 백일하에 드러날 것이었다. 그는 궁리 끝에 상전 허락을 받아 절에 들어가 비구니 행세를 했다. 한데 그는 절에서도 본성을 숨기지 못하고 함께 기거하던 비구니 중비와 지원, 소녀 등과 통정하기에 이른다. 그가 말한 김연의 처는 중비의 고모였는데 그녀가 소개한 이씨는 사방지의 정체를 알고 나서 반색하며 집안의 침모로 받아들였다. 당시 두 자녀를 출가시킨 뒤였지만 여자의 본성을 포기할 만큼 늙지 않았다. 그때부터 두 사람은 남녀의 정분을 나누면서 떨어질 수 없는 관계로 발전하였다.

과부로 정욕에 불타 사방지를 사랑했던 이씨는 세종대에 장영실, 이천과 함께 명성을 날린 과학자 이순지의 딸이었다. 막강한 가문 배경을 지닌 여인이 기이한 양성인과 사랑에 빠졌던 것이다. 사방지와 이씨는 여주인과 침모의 관계로 철저히 위장한 채 10여 년 동안 행복한 부부로 살았다.

사헌부는 관원의 기강을 감찰하고 풍속을 바로잡는 임무를 맡고 있었다. 원로대신들이 관련되어 있는 데다 새롭게 등장한 세조 정권의 도덕성에 치명적인 상처를 줄 수 있는 사안이었기 때문이다. 사헌부 감찰은 은밀히 사방지의 전력을 탐문한 끝에 그와 간통했던 비구니 중비를 잡아들였다.

그녀는 가족들의 반대와 세간의 눈총에도 아랑곳하지 않고 꿋꿋하게 사방지를 떠받들었다. 실로 사랑에는 국경도 없고 신분도 없었다. 늙은 아버지 이순지는 그녀의 편을 들어주었다. 조정 대신들이 연회석상에서 술잔을 기울이며 안주꺼리로 사방지를 들먹이면 그는 얼굴을 붉히며 역정을 냈다.

동성애는 동성의 상대에게 감정적 · 사회적 · 성적인 이끌림을 느끼는 것으로, 동성애자는 이러한 감정을 받아들여 스스로 정체화한 사람을 뜻한다. 대개 여성동성애자는 레즈비언(lesbian)으로, 남성동성애자는 게이(gay)로 지칭되며, 흔히 트랜스젠더(transgender)와 혼동되기도 한다. 그러나 트랜스젠더는 자신의 육체적 성과 정신적 성이 일치하지 않는다고 받아들이는 것으로, 이는 자신이 사랑하는 사람이 동성이라는 점을 받아들이는 동성애자와 구별된다.

미국의 경우, 2003년 매사추세츠 주에서 동성 결혼을 합법화하고 이후 10여 개의 주에서 동성애자 차별금지법을 제정하였다. 2015년 6월 연방대법원의 판결로 인해 미국 전역에서 합법화 되는 등 세계적으로 동성애에 관한 사회적 인식이 변화하였다. 한국에서도 국가인권위원회법에서 동성애자에 대한 차별을 금지하고 있다. 오늘날 동성애문제가 이슈화되어 사회갈등의 요인이 되기도 한다.

신언서판身言書判

身자는 아기를 가진 여자의 모습을 본뜬 글자로 「몸」을 뜻한다. 또는 人(인)과 申(신)의 합자이다. 부수로서는 몸에 관계가 있는 뜻을 나타낸다. 갑골문을 보면 배가 볼록한 이미지다. 身자에 아직도 '아이를 배다' 라는 뜻이 있는 것도 바로 이 때문이다. 이렇게 임신으로 배가 부른 여자를 그린 身자는 후에 '몸의 상태' 나 '몸' 이라는 뜻으로 쓰이게 되었다. 아이를 가진 여자는 자신의 몸 상태에 대해 신경을 쓰게 된다는 의미가 확대되었기 때문이다.

言자는 辛(신)과 口(구)의 합자이다. 辛(신)은 줠손이 있는 날붙이의 상형(象形), 口(구)는 맹세의 문서의 뜻이다. 갑골문을 보면 口(입 구)자 위로 나팔과 같은 모양이 이미지다. 이것을 두고 생황이라고 하는 악기의 일종을 그린 것이라는 설도 있고 나팔을 부는 모습이라는 얘기도 있다. 하지만 단순히 말소리가 펴져나가는 모습을 표현한 것일 수도 있다. 言자는 이렇게 입에서 소리가 펴져나가는 모습을 그린 것으로 부수로 쓰일 때는 '말하다' 와 관계된 뜻을 전달하게 된다. 갑골문에서의 言자는 '소리' 나 '말' 이라는 뜻으로 쓰였었다. 그래서 금문에서는 이를 구분하기 위해 여기에 획을 하나 그은 音(소리 음)자가 만들어지게 되었다.

書자는 성인의 말씀(曰)을 붓(聿)으로 적은 것이라는 뜻이 합하여

「글」을 뜻한다. 聿자는 손에 붓을 쥐고 있는 모습을 그린 것으로 '붓' 이라는 뜻을 갖고 있다. 여기에 '말씀' 을 뜻하는 曰자가 더해진 書자는 말을 글로 적어낸다는 뜻으로 해석된다. 참고로 일부에서는 曰자가 먹물이 담긴 벼루를 표현한 것이라 해석하기도 한다. 서류, 문장, 편지, 장부를 뜻한다.

判자는 뜻을 나타내는 선칼도방(刂(=刀)칼, 베다, 자르다)部와 음을 나타내는 半(반 둘로 나누는 것)으로 이루어진다. 칼로 물건을 잘라 나누는 것, 옛날 증문을 판서라고 하여, 서로 나누어 가지고는 나중에 맞추어 보았다. 그래서 나누는 일도 맞추는 일도 判(판)이라고 한다. 半자는 소머리에 八(여덟 팔)자를 그려 넣은 것으로 '나누다' 라는 뜻을 갖고 있다. 判자는 이렇게 '나누다' 라는 뜻을 가진 半자에 刀자를 결합한 것으로 사물을 나누어 내면을 들여다본다는 뜻으로 만들어졌다. 그래서 判자는 '구별하다' 나 '판단하다' 와 같이 진실을 들여다본다는 뜻으로 쓰이고 있다. 책이나 상품의 종이의 길이와 넓이의 규격을 나타내는 말로도 쓰인다.

예전 당나라를 비롯한 동아시아지역 국가에서 관리를 등용하는 시험에서 인물평가의 기준으로 삼았던 몸[體貌]·말씨[言辯]·글씨[筆跡]·판단[文理]의 네 가지를 이르는 사자성어 말이다.

신(身)이란 사람의 풍채와 용모를 뜻하는 말이다. 이는 사람을 처음 대했을 때 첫째 평가기준이 되는 것으로, 아무리 신분이 높고 재주가 뛰어난 사람이라도 첫눈에 풍채와 용모가 뛰어나지 못했을 경우, 정당한 평가를 받지 못하게 되기 쉽다. 그래서 신은 풍위(豊偉)일 것이 요구되었다. 마치 서구 체구가 큰 외국인을 만났을 때 위압을 받는 기분이라고나 할까.

언(言)이란 사람의 언변을 이르는 말이다. 이 역시 사람을 처음 대했을 때 아무리 뜻이 깊고 아는 것이 많은 사람이라도 말에 조리가 없고, 말이 분명하지 못했을 경우, 정당한 평가를 받지 못하게 되기 쉽다. 그래서 언은 변정(辯正)이 요구되었다. 언어는 공동사회, 이익사회 등 모든 사회에 적응을 하며 살기 위해 의사소통을 하는 것은 가장 기본적인 수단이다.

서(書)는 글씨(필적)를 가리키는 말이다. 예로부터 글씨는 그 사람의 됨됨이를 말해 주는 것이라 하여 매우 중요시하였다. 그래서 인물을 평가하는데, 글씨는 매우 큰 비중을 차지하였으며, 글씨에 능하지 못한 사람은 그만큼 평가도 받지 못한 데서 서에서는 준미(遵美)가 요구되었다. 글과 관련된 것은 일종의 문화와 관련이 있다. 고급, 저급문화의 자료가 된다.

판(判)이란 사람의 문리(文理), 곧 사물의 이치를 깨달아 아는 판단력을 뜻하는 말이다. 사람이 아무리 체모(體貌)가 뛰어나고, 말을 잘하고, 글씨에 능해도 사물의 이치를 깨달아 아는 능력이 없으면, 그 인물됨이 출중할 수 없다 하여 문리의 우장(優長)할 것이 요구되었다. 판단이야말로 매사에 선택을 하며 살아가야 하는 인간의 삶에서 중요한 위치를 차지한다.

이상 네 가지 조건을 신언서판이라 하여, 이를 모두 갖춘 사람을 으뜸으로 덕행 · 재능 · 노효(勞效)의 실적을 감안한 연후에 등용하였다. 그래도 국가를 유지하는 최선의 방법이라 여겨졌기 때문에 그렇게 하였을 것이다. 현대를 살아가는 우리도 이런 네 가지 기준은 절대적은 아니겠지만 필요한 것이다. 어쩌면 세계화되고 다원화된 4차원의 세계에서 더 요구가 된다.

임금은 "재부가 다스려지지 않는 것은 수령을 가려 임용하지 못하기 때문이고, 수령을 가려 임용하지 못하는 것은 벼슬에 나아가는 길이 혼잡하기 때문이다. 당나라 이전부터 이미 신언서판으로 사람을 취하였다. 지금 비록 옛 규례를 다 회복할 수는 없으나 장기 근무와 취재의 규례에다 신언서판의 법을 붙이는 방법이야 또한 어찌 강구할 수 없겠는가?" 고 하였다.

≪당서≫의 〈선거지〉에는 신(身)은 사람의 풍채와 용모를 뜻하는 말이다. 사람을 대했을 때 신분고하 또는 재주의 유무와 상관없이 첫눈에 풍채와 용모가 바르지 못하면 정당한 평가를 받기 어렵다. 그래서 풍채와 용모가 훌륭해야 한다고 보았다. 언(言)은 사람의 말솜씨를 이르는 말이다. 사람이 아무리 뜻이 깊고 아는 것이 많아도 이를 전달하는 말에 조리가 없고 분명하지 못하면 좋은 평가를 받기 어렵다. 따라서 조리 있는 좋은 말솜씨가 요구되었다.

서(書)는 글씨를 가리키는 말이다. 글씨는 그 사람의 인격을 대변한다고 하여 매우 중요시하였다. 그래서 인물을 평가하는 데에 글씨는 매우 큰 비중을 차지하였고 아름다운 글씨를 가진 사람을 높게 평가하였다. 판(判)은 사람의 판단력을 이르는 말이다. 곧 사물과 세상의 이(理)를 폭넓게 이해하여 일을 판단하는 능력이다. 사람이 아무리 인물과 말솜씨가 좋고, 글씨에 능해도 사물의 이치를 깨달아 아는 능력이 없으면, 그 인물됨이 출중할 수 없다 하였다.

"못 오를 나무 쳐다보지도 마십시오. 신언서판이 분명하신 서방님을 저도 우러러보아왔습니다(……)" 가풍에서 비롯하여 비록 말류이기는 했으나 실팍한 한학자의 훈도도 받은 터라 신언서판을 갖춘 선비의 풍모를 방불케 했으며(……) 신언서판을 소설 토지 용어로 사용하기도 하였다.

동음이의어同音異議語

美자는 크고(大) 살찐 양(羊)이라는 뜻이 합하여 보기 좋다는 데서 「아름답다」를 뜻한다. 羊(양)은 신에게 바치는 희생의 짐승으로서의 양, 美(미)는 신에게 바치는 살찐 양→맛있다→아름답다→훌륭함이다. 갑골문에 나온 美자를 보면 머리에 장식을 한 사람이 이미지다. 양은 상서로움을 상징하기에 양의 머리를 장식으로 한 사람을 그린 것으로 보기도 한다. 고대에는 제를 지내거나 의식을 치르기 위해 제사장이 머리에 특별한 장식을 했었다. 그래서 美자는 머리에 양의 뿔이나 깃털 장식을 한 사람을 그려 '아름답다' 라는 뜻을 갖게 된 것으로 풀이한다. 눈으로 보았을 때의 아름다움이나 감성적인 대상에 대하여 느껴지는 것으로서, 개인적 이해관계가 없는 곳에 이루어져, 심적인 쾌감을 일으키는 요소이다. 또한 성적이나 등급 따위를 평정하는 기준의 한 가지로 수. 우. 미. 양. 가의 다섯 계단으로 평점을 할 경우에 가운데 등급을 이름이다.

米자는 쌀이나 수수 따위 곡식의 낟알→벼의 모양, 나중에 동아시아에서는 쌀을 대미(大米) · 조를 소미(小米)라 일컬었고 우리는 보리 · 수수 · 조 따위에 대하여 쌀을 米(미)자로 나타냈다. 마치 木(나무 목)자에 점이 찍힌 듯 보이지만 실제로는 十(열 십)자 주위로 낟알이 흩어져 있는 모습으로 그려진 것이다. 갑골문에 나온 米자를 보면 긴 막대기 주위로 6개의 낟알이 흩어져 있는데, 여기서 긴 막대기는 낟알을 펼쳐놓는 도구를 이미지다. 지금도 벼를 수확하면 탈곡한 낟알을 햇볕에 말리는데, 이때 낟알이 잘 건조되도록 펼치는 도구가 표현된 것이다. 벼의 낟알을 그린 것이기 때문에 부수로 쓰일 때는 주로 '쌀' 이나 '곡식' 또는 곡식을 가공한 제품이라는 뜻을 전달하게 된다.

未자는 나무 끝의 가느다란 작은 가지의 모양을 본뜬 글자로 나중에 분명하지 않다→희미한 모양→아직…하지 않다는 뜻에 쓰였다. 갑골문을 보면 木(나무 목)자의 윗부분에 획이 하나 그어져 있었다. 이것은 나뭇잎이 '무성하다' 라는 뜻을 표현한 것이다. 그래서 未자의 본래 의미는 '나뭇잎이 무성하다' 였다. 그러나 지금은 본래의 의미는 사라지고 '아직' 이나 '없다' 의 뜻으로 가차되어 쓰이고 있다. 未자는 '끝부분' 을 뜻하는 末(끝 말)자와 매우 비슷한 모습을 하고 있다.

味자는 뜻을 나타내는 입구(口입, 먹다, 말하다)部와 음을 나타내는 未(미)가 합하여 이루어진다. 음을 나타내는 未(미)는 나무 끝의 가느다란 작은 가지→잘고 '희미하다' 의 뜻이다. 나무 끝에 여는 과일도 각각 조금씩 다른 데가 있고 미묘한 맛이 남. 그래서 未(미)를 맛이란 뜻으로 썼으나 나중에 未(미)의 다른 쓰임과 구별하여 먹는 것에 관계가 있음을 분명히 하기 위하여 입구(口입, 먹다, 말하다)部를 붙여서 味(미)라 썼다. 未자는 '아직~하지 못하다' 라는 뜻을 가지고는 있지만, 본래는 나무 끝의 가느다란 가지를 뜻하던 글자였다. 음식의 맛을 느끼거나 구별하는 데는 세밀한 감각이 필요하다. 그래서 가느다란 나뭇가지를 강조한 未자는 맛의 미세한 차이를 느낀다는 의미를 표현하고 있다.

微자는 뜻을 나타내는 두인변(彳 걷다, 자축거리다)部와 음을 나타내는 동시에 보일 듯 말듯 할 만큼이란 뜻을 나타내는 글자 散(미)로 이루어지고 몰래 간다는 뜻이다. 彳(조금 걸을 척)자와 이미지(미)자가 결합한 모습이다. 머리칼을 빗어 넘기는 여자를 그린 것으로 '가늘다' 라는 뜻이 있다. 이렇게 '가늘다' 라는 뜻을 가진 이미지에 彳자가 결합해 '좁은 길' 이나 '오솔길' 을 뜻했었다. 하지만 지금은 '작다' 나 '정교하다' 라는 뜻으로만 쓰이고 있다. 어렴풋하다, 또렷하지 아니하다는 뜻도 있다.

迷자는 뜻을 나타내는 책받침(辶(=辵)쉬엄쉬엄 가다)部와 음을 나타내는 米(미)가 합하여 이루어진다. 米(미)는 쌀→자잘하고 알기 힘이 듬의 뜻이다. 迷(미)는 길을 잃다→어떻게 하여야 좋을지 갈피를 못 잡음이다. 米자는 흩어진 쌀알을 그린 것이다. 迷자는 본래 '길을 헤매다' 나 '길을 잃다' 라는 뜻을 위해 만든 글자였다. 그러니 쌀알을 그린 米자는 '길을 잃다' 와는 전혀 관계가 없어 보인다. 그러나 여기에 쓰인 米자는 '쌀' 이 아닌 길이 사방으로 뻗어 나간 모습으로 응용되었다. 그러니까 어디로 가야 할지 갈피를 잡지 못하는 상황을 米자로 표현한 것이다. 그래서 본래 '길을 잃다' 를 뜻했었지만, 후에 갈피를 잡지 못한다는 뜻이 확대되어 '미혹하다' 나 '심취하다' 라는 뜻을 갖게 되었다.

尾자는 엉덩이를 나타내는 尸(시)와 엉덩이에 붙어 있는 毛(모 털)로 이루어진다. 꼬리→전하여, 뒤, 끝의 뜻으로 되었다. 갑골문에 나온 尾

자를 보면 尸자 아래로 긴 꼬리가 이미지다. 이것은 축전을 벌일 때 동물의 꼬리를 매달은 모습을 그린 것이다. 이렇게 '꼬리'를 표현한 글자이지만, 꼬리는 신체의 끝부분에 있다 하여 '끝'이나 '뒤쪽'이라는 뜻으로도 쓰이고 있다.

墨자는 土(토)와 黑(흑)의 합자이다. 黑(흑)은 아궁이에 생기는 그을음이 본뜻이다. 그을음을 흙에 섞어 휘저어 만든 것의 뜻으로 쓰였다. 黑자는 아궁이를 그린 것으로 '검다'라는 뜻이 있다. 먹은 소나무를 태운 그을음을 모아 아교풀에 개어 압착하는 형식으로 만들어진다. 그래서 아궁이를 그린 黑자에 土자를 결합한 墨자는 검게 태운 재를 흙처럼 딱딱하게 굳힌 것이라는 뜻을 표현한 것이다.

魅자는 뜻을 나타내는 귀신귀(鬼 귀신, 영혼)部와 음을 나타내는 未(미→매)가 합하여 이루어진다. 매혹하다, 홀리다, 정신을 흐리게 하다, 현혹되다, 도깨비, 요괴 등의 뜻이 있다.

彌자는 뜻을 나타내는 활궁(弓 활)部와 음을 나타내는 동시에 「오래 끌다」는 뜻을 가진 爾(이→미)가 합하여 이루어진다. 본디는 璽(새)를 덧붙여 彌(미)로 썼다. 활시위를 느슨하게 함을 이름이다. 미륵, 두루, 널리, 더욱, 멀리, 갓난아이, 장식, 물이 꽉 찬 모양, 오래다, 지내다, 극에 다다르다, 마치다, 그치다, 끝나다, 차다, 가득 메우다, 멀다, 거두어 들이다, 드리우다, 한쪽이 위에 고정된 천이나 줄 따위가 아래로 늘어지다, 늘어뜨리다, 깁다, 떨어지거나 해어진 곳을 꿰매다, 꿰매다, 펴지다, 얽히다, 휘감기다, 걸리다, ~동안 계속되다, 활을 부리다, 활의 시위를 벗기다 등의 뜻이 있다.

辟자는 避(피)와 동자이다. 辛(신)과 辛(신)을 제외한 글자의 합자이다. 피할 피, 임금 벽, 비유할 비, 그칠 미자 이다. 피하다, 벗어나다, 회피하다, 숨다, 물러나다, 떠나다, 몸이 한쪽으로 자꾸 거볍게 기우뚱거리는 사람을 낮잡아 이르는 말이고 실을 내어 옷감을 짜다 등의 뜻이 있다.

우리말 한글, 한자에는 동음이의어가 참 많이 있다. 범어(산스크리트어)가 한자로 제자 활용되면서 소리와 뜻이 함께 형성된 것으로 훈민정음을 연구한 강상원 박사처럼 주장하는 학자도 있다. 고대 한국어(한반도 사투리)가 증거가 된다고 주장을 하며 동서언어의 뿌리가 한국어임을 강조하고 있으니 관심이 필요하겠다.

이통기국설理通氣局說

유교교리로 이와 기에 대한 이이의 독창적인 학설이다. 이이는 이기에 관한 성혼의 서한을 받고 평소에 생각하던 이통기국설을 주장하게 되었는데, 서경덕의 기일원설을 부정하고 이일분수의 이론을 체계화하였다. 이통기국설은 주희의 이동기이설에 그 연원을 둔 것이다.

理자는 다스려지다, 떨어지거나 해어진 곳을 꿰매다, 깨닫다 등의 뜻이 있다. 사물 현상이 존재하는 불변의 법칙이다. 우주의 본체이며 만물을 형성하는 정신적인 시원을 뜻한다. 뜻을 나타내는 구슬옥변(玉=王, 王 구슬)部와 음을 나타내는 里(리)가 합하여 「다스리다」를 뜻한다. 음을 나타내는 里(리)는 길이 가로 세로로 통하고 사람이 살고 있는 마을, 뜻이 갈라져서 事理(사리)가 바르다→ '규칙 바르다' 의 뜻과 속→ '속에 숨어 있다' 의 두 가지 뜻을 나타낸다. 玉(옥)은 동아시아의 서북에서 나는 보석, 理(리)는 옥의 原石(원석)속에 숨어 있는 고운 결을 갈아내는 일, 나중에 옥에 한하지 않고 일을 다스리다→사리 따위의 뜻에 쓰였다. 里자는 '마을' 이라는 뜻이 있지만, 여기에서는 발음역할만을 하고 있다. 理자는 본래 옥에 새겨 넣은 무늬를 뜻했었다. 단단한 옥을 깎아 무늬를 새겨 넣는 작업은 매우 어려웠다. 그래서 후에 간혹 실수로 구멍 낸 곳을 메운다는 의미에서 '메우다' 나 '수선하다' 라는 뜻을 가지게 되었고 지금은 '일을 처리한다.' 라는 뜻으로 쓰이고 있다.

通자는 뜻을 나타내는 책받침(辶(=辵)쉬엄쉬엄 가다)部와 음을 나타내는 甬(용→통)이 합하여 이루어진다. 甬(용)은 管(관)과 같은 모양의 것, 桶(통) 등 甬(용)이 붙는 글씨는 속이 빈 것→꿰뚫는 것을 나타낸다. 通(통)은 쉽게 빠져 나가는 것이다. 본래 '곧게 뻗은 길' 을 뜻하기 위해 만든 글자로 甬자는 속이 텅 빈 종처럼 길이 뻥 뚫려있다는 의미를 전달한다. 길이 뚫려있으니 이동하기가 수월할 것이다. 그래서 '통하다' 나 '내왕하다' 라는 것은 길을 가는 데 있어 거침이 없다는 뜻이다.

氣자는 눈에는 보이지 않으나 오관으로 느껴지는 현상이다. 기운차게 뻗치는 형세이다. 공기를 들이마시고 내쉬는 기운이다. 자연 현상이다. 성내다 등의 뜻이 있다. 생활 · 활동하는 힘으로 원기 · 정기 · 생기 · 기력 따위이다. 동양 철학의 기초 개념의 하나이다. 만물을 생성 · 소멸시키는 물질적인 시원이다. 음을 나타내는 기운기엄(气 구름 기운)部는 공중에 올라가 구름이 되는 것, 굴곡하여 올라가는 水蒸氣(수증기), 목에 막히어 나오는 숨, 米(미)는 쌀, 氣(기)는 김을 올려서 밥을 짓다→손님을 위한 맛있는 음식이다. 본래 氣자는 米자가 없는 气자가 먼저 쓰였었다. 气 자는 하늘에 감도는 공기의 흐름이나 구름을 표현한 것이다. 갑골문에서는 단순히 획을 세 번 그린 것으로 하늘의 기운을 표현했었다. 그러나 금문에서는 숫자 三(석 삼)자 혼동되어 위아래의 획을 구부린 형태로 변형되었다. 여기에 米자가 더해진 氣자는 밥을 지을 때 나는 '수증기' 가 올라가는 모습을 표현한 것이다. 다만 气 자와 마찬가지로 '기운' 이나 '기세' , '날씨' 와 관련된 뜻으로도 쓰이고 있다.

局자는 어떤 명사 다음에 쓰이어 일정한 사무를 맡아보는 기관, 또는 부서를 나타내는 말이다. 풍수지리에서 말하는 '혈(穴)' 과 '사(砂)' 가 합하여 이룬 자리이다. 尺(척 자, 바르다)과 口(구 입)의 합자이다. 자(尺)로 잰 듯이 정확한 말(口)을 법도에 따라 한다는 데서 「관청」을 뜻한다. 구획을 한정하다 따위의 뜻이 나오고, 전하여 구획, 방, 장기나 바둑판 따위의 뜻으로 되었다. 尺자와는 아무 관계가 없다. 소전에 나온 局자를 보면 尺자 아래로 口자가 그려져 있었다. 이것은 장기판 위로 말이 얹어져 있는 모습을 표현한 것이다. 그래서 본래 장기나 바둑을 두던 '판' 을 뜻했었다. 그러나 이기기 위해서는 두뇌 싸움을 해야만 한다는 뜻이 파생되면서 '당면한 사태' 나 '재간' 이라는 뜻이 생겼고 장기판의 판세를 빗대어 국정을 논의하는 '관청' 이라는 뜻으로도 쓰이게 되었다.

說자는 뜻을 나타내는 말씀언(言 말씀)部와 음을 나타내는 글자 兌(열)로 이루어진다. 말(言)로 나타낸다는 뜻이 합하여 「말씀」을 뜻한다. 八(팔)은 분산하는 일, 兄(형)은 입의 움직임을 일컬음이다. 음을 나타내는 兌(탈 · 열)은 큰소리를 질러 화락함, 나중에 기뻐함에는 悅(열)이라고 쓰고, 말로 그것은 무엇, 이것은 무엇이라고 구별함을 說(설)이라고 쓴다. 兌자는 입을 벌려 웃는 모습을 그린 것으로 '기쁘다' 라는 뜻을 갖고 있다. 이렇게 입을 벌린 모습을 그린 兌자에 言자가 결합한 說자는 누군가에게 웃으며 말하는 모습을 표현한 것이다. 그래서 說자는 주로 '이야기하다' 나 '서술하다' , '유세하다' 와 같이 입을 벌려 크게 말한다는 뜻으로 쓰이고 있다.

이통기국설은 서경덕의 기설과 비교함으로써 더욱 분명해진다. 서경덕은 형이상과 형이하를 모두 기로 본다. 그리하여 기를 형이상과 형이하로 나누어 이것을 선천과 후천이라 한다. 이이는 서경덕에 대해 기의 극묘처는 알았어도 이의 구극성을 투철하게 밝히지 못한다고 평가하였다.

이이에 의하면, 우주는 이에 의해 통일되어 있는 동시에 천지지리나 만물지리나 오인지리가 모두 공통적이다. 기가 하나의 근본인 것은 이의 통 때문이요, 이가 만수인 것은 기의 국 때문이라고 할 수 있다고 하였다.

역사의 고장

4월 29일 점심 식사 후 몽골선교사 백낙현, 윤향숙 부부를 동반하고 태기산 탐방 길에 올랐다. 둔내를 가기 위해 영동고속도에 올라 횡성휴게소를 지나면 현천이 나온다. 현천은 우리 부부가 학교에 근무할 때 결혼을 하였고 고속도로에서 보이는 두 집 중 아랫집에서 월세로 살 때 사랑스러운 우리 아들이 잉태한 남씨네 집이 있는 곳이다.

둔내 IC를 나와 화동 태기산으로 향하는 길에는 군창 터 유물이 나온 둔내 중고가 있다. 태기산 밑 화동리는 벼화 자와 마을 동을 쓰는데 벼농사를 일찍이 지었던 것 같다. 양구두미로 오르며 6번국도 옛길은 그래도 포장이 되어 있기에, 고갯마루에는 간이휴게공원이 있어 들려 칡을 갈아 만든 차를 한잔씩 들고, 주인과 대화중에 나와 용띠 동갑내기로 고향이 화동이라 하였다. 내가 70년대에 총각교사 시절 화동 덕성학교에서 3년 간 근무 하였다고 하니 더 반가워한다. 정상으로 오르는 길이 승용차로도 가능하냐고 물으니 괜찮다고 하기에, 주인장의 말에 안심이 되어 출발을 하였으나 비포장도로가 조금은 부담이 된다.

산 중턱에 오르니 포스코 마크가 있는 풍력발전기 세 날개가 돌아가고 소리도 요란하다. 잠시 머무는 갓길 장소가 있어 사진도 찍고 쉬면서 설치된 바람개비 등 안내판을 보며 주변에 있는 난과에 속하는 보라꽃, 뱀 딸기 노란 꽃도 보며 즐겁다. 정상 1261m라고 안내된 전파중계

소는 아직도 멀리 있어 다시 출발을 한다. 윤선교사 내외는 원주에서 산 적이 있지만 태기산에 오른 것은 처음이라 고마워한다.

한참을 지나니 1960년대 5.16 쿠데타로 집권한 군부가 산지개발정책을 펼치며 이주하였던 주민들의 자녀들을 위한 태기분교 터가 보이기에 차를 세우고 들린다. 군 미필자들과 재소자들을 동원하여 개발을 하는데 노동력으로 활용하고 그들에게는 면제와 감형혜택을 주고 가난한 이들을 위한 구제정책이었다고, 태기분교 터에는 작은 역사기념관이 있고 운동장은 큰 나무들이 서 있다. 횡성군에서 탐방 길을 정비하며 예산을 드려 그런 대로 잘 정비해 놓았기에, 지나는 길에는 다람쥐도 눈에 띠고 멀리 도망도 안 가고 귀엽다고 다람쥐 움직이는 모습 사진을 여러 장 찍어가며 윤 선교사는 감탄을 연발한다.

다시 출발하여 정상에 점점 다가오니 몇 대의 차가 보인다. 탐방 길을 걷는 등산객들인지 사람들은 보이지 않고 차만 간이주차소에 서 있다. 나는 곧 바로 중계소를 들려보고 싶어 조금은 가파른 길을 차를 몰고 오른다. 아이고! 어쩐다, 안으로 들어가는 문은 잠겨 있고 사람도 없으니, 문 앞에서 비탈로 올랐다 핸들을 완전 꺾기를 두 세 번 하고 겨우 차를 돌려 내려온다. 내려오는 길이 가파르게 느껴지나 속으로 기도를 하며 간이주차장에 오니 마음이 놓이고 전망대에 올라 멀리 치악산 비로봉도 보이고 풍력발전기도 모두 보인다.

4시가 넘어 배가 조금 출출하여 아까 칡차를 팔던 데 감자전이 생각나 선교사 내외에게 부치기 한판을 들자고 하니 부부들도 배가 고팠던지 좋다고 한다. 우리는 올 때와는 다르게 국도, 지방도를 이용하여 원주로 돌아가기로 하며, 우리 고향은 태기산성 샘에서 발원하여 흘러내리는 주천강가에 자리 잡고 있다. 둔내를 지나 안흥을 지나 강림 쪽으로 가다보면 작은 마을이 태버린 내 고향이다. 이왕 이곳에 온 김에 우리 고향을 들려 유적과 전해오는 이야기를 들려주기로 하며, 안흥시장에 도착하여 매스콤을 많이 타 유명해진 심순녀 찐빵을 한 박스 사고 유서 깊은 역사를 자랑하는 내 고향 강림 가천으로 향한다.

나의 태버린 고향은 함씨들이 몇 집 살지 않으나 500년 이상을 내려온다. 고향 땅이 있어 나도 사후에는 여기에 묻힐 것이라 말하며 장애인 부부로 살아가던 작은 어머니마저 별세하여 빈 집이 된 곳에는 배나무 흰 꽃, 복숭아 분홍 꽃, 명자나무 붉은 꽃들만 예쁘게 피어나고 있다.

지나가는 길에는 진소 삼형제 바위도 있고 강원 관찰사 송강 정철 시비도 있고 고려 말 조선 초기에 살았던 운곡 원천석 선생이 학생을 가르쳤다는 각림사 비도 있고 태종 이방언이 다녀갔다는 기념비 주필대 훗날 태종대로 불리면서 내려온다.

이방언은 왕사이었던 스승 운곡 원천석을 찾아 왔으나 만나지 못하고 돌아갔다고 한다. 이방언에게 거짓으로 방향을 가리켜 나중에 왕임을 알고 소에 빠져 죽었다고, 노구소에 전해오는 이야기는 태종에 대한 두려움이 얼마나 컸는가를 말해주듯, 주천 강을 따라 신라 박혁거세 무리에게 쫓겼다는 진한의 마지막 왕 태기의 무리들이 이곳 강림에 머물렀는지 청동 검과 거울이 출토되어 오랜 역사를 추정하게 한다.

당시 전해오는 이야기에 의하면 태기 무리 선발대가 춘천 맥국 쪽으로 향하다 강성해진 신라 박혁거세 무리에게 항복하고 충성을 맹세한 맥국 왕의 배반으로 인해 태기산 쪽으로 들어와 산성을 쌓고 수십 년 간 항거를 하며, 화성, 병지방, 어답산, 갑천, 신대, 봉명 등 관련 지명을 남겨 오늘 날까지 남아 있다.

안흥초 100주년을 맞아 행사 준비를 하는 총동문회장 김세영 사장, 고향 후배가 운영하는 진소매운탕에 들려 어탕칼국수 한 그릇씩 들고 돌아오는 길, 윤 선교사 내외는 오늘 하루가 너무 좋은 추억이 된다고 고마워한다.

몽골신학교 학장으로도 수고하고 있는 백낙현 선교사는 신학교운영을 위해 미국으로 건너가 후원회를 통한 모금 독려 차 선교여행 중이었으나 코로나 바이러스 19로 인해 몽골로 들어가는 비행기가 무기 연기되는 바람에 한국으로 우선 들어와 대기 중에 있으니 많이 답답하던 차라고, 오늘 태기산 탐방과 일정은 너무 좋은 시간이었다며 다시 한 번 더 문자를 보내온다.

제4부 제자가 되는 신앙

요한, 밧모섬에서

요한복음서의 저자는 사도 요한이다. 그는 갈릴리 벳세다 사람으로 아버지는 세베데, 어머니는 살로매, 그 형은 야고보로 직업은 어부였다. 예수의 12사도 중 젊은 자로 예수의 사랑을 많이 받았으며 그는 성질이 급해서 '보아너게'라는 별명이 있었다.

예수를 가까이 모신 3제자-베드로, 야고보, 요한-중의 한 사람이다. 복음을 전하다가 밧모섬에 유형 되기도 하였다. 그 후 에베소 교회의 감독이 되어 예수님의 어머니를 자기 집에 모시고 살았으며 주후 100년경 순교가 아닌 자연사를 하였다고 한다.

요한복음은 1세기 말, 에베소에서 기록되었다는 것이 전통적 견해이다. 이 복음이 다른 복음보다 맨 나중에 기록되었는데 다른 복음들은 주로 예수께서 갈릴리에서 활동하신 사실을 나타내고 있으나 여기서는 주로 유다에서 된 행적을 기록하고 있다. 그리고 예수의 생애의 역사적 정확성 보다는 그의 교훈의 종교적 의를 중요시하고 영적으로 재해석하고 있다.

요한은 예수의 비유는 하나도 기록하지 않았으나 예수의 참 모습을 그려내는 다음과 같은 말을 사용하고 있다. 생명의 떡 요 6:35, 세상의 빛 요 8:1, 29:5, 양의 문 요 10:7, 선한 목자 요 10:11-14, 부활이요, 생명 요 11:25, 길, 진리, 생명 요 14:6, 참 포도나무 요 15:1 등 요한복음에는 예수의 공적인 접촉보다 개인적인 대화가 많아 15번이나 대화하신 일이 기록되어 있다.

이 복음을 기록한 목적은 요 20:30-31에 기록된 대로 예수께서 하나님의 아들 그리스도이심을 믿게 하려 함이요, 또 믿고 그 이름을 힘입어 생명을 얻게 하려는 것이다. 요한복음에는 증거, 믿음, 생명, 이 세 단어가 특출하다. 먼저 증거는 다음 일곱 가지 표적을 가지고 요한복음 조직의 줄거리를 형성하였으며 각기 다른 예수의 권능의 범위를 설명하고 있다.

제 목	귀 절	권능의 범위
물로 포도주를 만드심	요 2:1-11	질(질)
왕의 신하의 아들을 고치심	요 4:46-54	공간
38년 된 병자를 고치심	요 5:1-9	시간
5천명을 먹이심	요 6:1-14	양(양)
물 위로 걸으심	요 6:16-21	자연법칙
나면서 소경된 사람을 고치심	요 9:1-12	불행
나사로를 살리심	요 11:1-46	죽음

이러한 표적들을 통해서 예수의 초자연적 능력을 나타내셨다. 다음 믿음은 복음의 열쇠가 되는 낱말인데 98번이나 기록되었다. 믿음이란 그리스도에게 개인을 완전히 의탁하는 것을 뜻한다. 그리스도를 영접하는 자 곧 그 이름을 믿는 자인데, 예수의 행하신 표적으로 인해서 확

신하고 신자들의 믿음은 더욱 굳어지는 것이다.

생명은 복음의 열쇠로 신자들이 그의 구원으로 나누어 받는 것이다. 이것은 영생인데 유일하신 참 하나님과 그의 보내신 자 예수 그리스도를 아는 것이다. 그리스도인에게 영생을 주시는 것이 하나님의 목적이다. 증거, 믿음, 생명은 논리적으로 조직되어 있는데 증거는 하나님의 계시이며, 믿음은 증거에 대한 반응이며, 생명은 믿음의 결과이다. 요한은 예수를 아브라함의 아들이나 아담의 후손으로 나타내지 않고 이 세상이 창조되기 전부터 계신 하나님의 아들로 나타냈다. 이러한 하나님의 아들이 이 세상에 내려오셨으며 그는 참 인간이시지만 또한 하나님의 아들이시다) 이 예수가 죽으신 것은 생명을 빼앗기신 것이 아니라 당신의 자유로운 뜻으로 생명을 버렸고, 그의 죽으심은 굴욕이 아니라 영광이며, 생명의 근원이다(이 죽으심에 의하여 그리스도께서는 만인을 다스릴 권세를 가지시게 되었다).

필자는 백석대학원에서 다시 공부하며《성경신학총론》에서는 여호와(성, 유일신), 주(아도나이, 로우드), 예수(역사), 그리스도(구세주), 메시아(구원), 하나님(이름)에 대하여 연구하고,《기독교세계관》에서는 창조, 타락, 구속(성취), 십자가, 구속(완성), 부활, 재림, 복음, 새 하늘, 새 땅, 새 역사, 하나님나라 등의 주제로 세계관을 연구하며 '하나님의 나라' 에 대하여 더 깊이 이해하는 계기가 된 것은 감사한 일이었다.

도마의 확증 신앙

確자는 石(돌 석)자와 隺(두루미 학)자가 결합한 모습이다. 隺자는 鶴(학 학)자가 생략된 것으로 '두루미' 라는 뜻이 있다. 確자는 어떠한 사실에 대한 명확함을 뜻하는 글자이다. 두루미는 평생을 일부일처제로 살며 지조를 지키는 새로 알려져 있다. 동아시아에서 두루미가 영물로 인식되고 있는 이유도 이 때문이다. 이렇게 지조를 지키며 사는 두루미와 강한 돌, 굳은돌의 이미지가 결합한 글자로 '견고하다' '확고하다' 라는 뜻으로 쓰이고 있다.

證자는 상고하다, 증거로 삼는 일이다. 言(말씀 언)자와 登(오를 등)자가 결합한 모습이다. 登자는 제기그릇을 들고 제단에 올라가는 모습을 그린 것으로 '오르다' 라는 뜻을 갖고 있다. 제단에 올라가는 모습을 그린 登자에 言자를 결합한 것으로 본래의 의미는 '알리다' 나 '고하다' 였다. 그러니까 證자는 제사를 통하여 신에게 인간사의 일들을 알린다는 의미였다. 이후 소상히 알린다는 뜻이 확대되며 지금은 '증명하다' '증거' 라는 뜻으로 쓰인다.

證人은 사실을 고하는 사람이다. 證據는 근거자료를 준비를 한다. 證明은 자료에 근거해 밝혀준다. 證言은 말과 문서로써 기록한다.

곧 모든 겸손과 눈물이며 유대인의 간계로 말미암아 당한 시험을 참고 주를 섬긴 것과 유익한 것은 무엇이든지 공중 앞에서나 각 집에서

나 거리낌이 없이 여러분에게 전하여 가르치고 유대인과 헬라인들에게 하나님께 대한 회개와 우리 주 예수 그리스도께 대한 믿음을 증언한 것이라. 이제 나는 성령에 매여 예루살렘으로 가는데 거기서 무슨 일을 당할는지 알지 못하노라. 오직 성령이 각 성에서 내게 증언하여 결박과 환난이 나를 기다린다 하시나 내가 달려갈 길과 주 예수께 받은 사명 곧 하나님의 은혜의 복음을 증언하는 일을 마치려 함에는 나의 생명조차 조금도 귀한 것으로 여기지 아니하노라. 내가 여러분 중에 왕래하며 하나님의 나라를 전파하였으나 이제는 여러분이 다 내 얼굴을 다시 보지 못할 줄 아노라. 그러므로 오늘 여러분에게 증언하거니와 모든 사람의 피에 대하여 내가 깨끗하니 이는 내가 꺼리지 않고 하나님의 뜻을 다 여러분에게 전하였음이라.(행 20:19-27)

도마는 '나의 주님이시오. 나의 하나님이시이다.' 라고 고백한다. 예수께서는 '너는 나를 본 고로 믿느냐 보지 못하고 믿는 자들은 복 되도다' 고 하였다.

우리는 들은 것에 더욱 유념함으로 우리가 흘러 떠내려가지 않도록 함이 마땅하니라. 천사들을 통하여 하신 말씀이 견고하게 되어 모든 범죄 함과 순종하지 아니함이 공정한 보응을 받았거든 우리가 이같이 큰 구원을 등한히 여기면 어찌 그 보응을 피하리오. 이 구원은 처음에 주로 말씀하신 바요 들은 자들이 우리에게 확증한 바니 하나님도 표적들과 기사들과 여러 가지 능력과 및 자기의 뜻을 따라 성령이 나누

어 주신 것으로써 그들과 함께 증언하셨느니라.(히 2:1-4)

도마는 다른 제자들에 비하여 특이한 점이 있다. 도마가 없는 10제자에게 나타나셨을 때 믿지 못하겠다는 도마를 위하여 도마가 있는 11제자에게 다시 나타나신 것은 아닌가. 부활하신 예수 그리스도의 창에 찔린 옆구리를 만져보고 믿음을 확정하는 등 말이다.

도마는 인도지역을 선교하다가 일설에 톱으로 잘려 순교하였다고 전한다. 도마는 왕궁을 건축할 정도로 능한 기술자였다고도 한다. 도마의 제자들 중에는 중국에까지 선교를 하였다고 하나 확실하지는 않다. 최근래에는 김해 김수로 왕릉의 쌍어문양, 영주 왕유동의 분처상 등을 제시하며 당시 몰락한 허왕옥 왕가는 인도와 중국을 오가며 무역을 하였다고 한다. 당시에는 가야지역은 철 생산지로 무역이 활발하였다고 전한다. 예수 그리스도 사후 AD47년경 허황옥 인도 공주와 함께 한반도 가야지역에까지 영향을 미쳤다고 주장하는 이들이 있지만 연구해볼 과제로 남는다.

현재 대구광역시에는 도마박물관이 있는데 조국현 박사가 여러 가지 자료들을 전시하며 선교역사를 주장하고 있다. 아무튼 그 당시 해양실크로드를 통하여 서역과의 교역이 있었던 것은 밝혀지고 있으니 고고학적인 자료들이 발굴된다면 달라질 수도 있지 않을까 기대도 해 보게 된다.

다섯 두루마리

아가, 룻기, 애가, 전도서, 에스더를 다섯 두루마리(Megilloth)라고도 부른다. 이 두루마리는 유대인들의 명절 곧 절기 마다 한 권씩 낭독 하였다고 한다.

아가는 유월절에 낭독이 되는데 본서의 히브리어 제목은 솔로몬의 노래 중의 노래이다. 아가는 사랑이 주제가 되어 있는 책이다. 그러기 때문에 세속적인 것이라고 하여 정경으로 채택되는데 있어서 논란이 있었다고 한다. 옛날에 이스라엘 청년은 만 30세가 되기까지는 이 책을 못 읽게 하였다고 한다. 본서는 솔로몬이 지은 것으로 여호와 하나님과 이스라엘과의 사랑을 남녀의 사랑으로 우화적으로 표현 한 것이다.

내용은 술람미라는 주인공이 궁중에서 왕의 사랑을 강요받지만 보잘 것 없는 한 목 동에게 받친 그의 참 사랑을 중히 여기고 왕궁의 호사스러운 영광을 물리치고 끝까지 그의 첫 사랑의 대상을 사모하는 진실한 사랑에 관한 고상한 교훈이다. 신랑은 여호와 하나님이고 신부는 이스라엘 민족이라는 탈무드의 해석이 바로 이 해석이다. 기독교에 있어서도 어거스틴이나 존 웨슬리 같은 이는 신랑은 예수그리스도요 신부는 교회와 신자라고 해석 하였다. 이 책은 그리스도와 신자 사이에 마땅히 있어야할 사랑의 순결과 정열을 가르친 해석이다.

룻기는 오순절에 낭독이 되는데 본서는 다윗왕의 증조모인 룻이라는 한 모압 여자의 생애를 내용으로 하고 있다. 본서의 저자는 탁월한 문학적 재질을 가지고 전원시 같이 아름답게 히브리 사람들이 멸시하는 이방인 그것도 여자의 이야기를 써 놓았다. 엘리멜렉이라는 한 히브리 사람이 가족과 함께 모압으로 이사 가서 살았다. 그런데 가장인 엘리멜렉이 불행하게도 객사하고 미망인 나오미는 역경 중에서도 두 아들을 길러 모압 여자에게 장가 들게 하고 위로를 받으며 살았다.

그러나 불행은 계속되어 두 아들 역시 일찍 죽어 버렸다. 불행한 나오미는 고국으로 돌아가 살기로 작정하고 두 며느리에게 개가하여 각자 길을 찾아 가라고 하였다. 큰 며느리 오르바는 떠나갔으나 둘째 며느리 룻은 시어머니와 운명을 같이 하겠다고 한사코 떠나가지 않았다. 고국에 돌아온 후에도 시어머니를 정성으로 봉양하던 룻은 후일에 시가의 친척이며 재산도 있고 인격도 훌륭한 보아스의 아내가 되었으며, 그들 사이에서 오벳을 낳았고 오벳은 이새라는 아들을 낳았으며, 이새는 바로 다윗 왕을 낳았다.

본서는 국수주의적이며 배타적인 이스라엘 민족의 민족주의에 반대하는 사상을 기록한 것이다. 즉 그들이 멸시하는 모압의 한 여인이 그들이 가장 존경하는 다윗왕의 증조모라는 것과 그 여인이 얼마나 훌륭한 인간성을 가진 모범적 인간이었나를 교훈하고 있다.

선민사상으로 굳어져 있는 유대교에 비추어 볼 때 본서의 사상은 독특하며 대담한 것이라고 할 수 있다. 또 한 가지는 남성 위주요 남존여비 사상이 농후한 유대 사회에 있어서 본서는 여성의 위치와 가치를 높인 것이라고 할 수 있다. 물론 다윗의 족보를 밝히기 위한 목적도 있고, 효를 중심한 선한 가정생활에 대한 중요한 내용이기도 하다. 유대인의 전설에 의하면 본서를 사무엘이 기록했다는 설도 있지만 4:22에 다윗의 이야기가 기록 되어 있는 것을 보면 다윗이 이미 왕이 되고 존경받는 유명한 인물이 된 후의 기록임을 시사하고 있다.

애가는 (압Ab)달 제 9일 예루살렘이 파괴 되었다는 날에 낭독이 되는데 한글 성경에는 본서가 에레미야서 다음에 있는데 이것은 70인 역 역자들이 바꾸어 놓은 순서를 따른 것이지 히브리어 원전의 순서는 아니다. 애가는 히브리인들의 국치일인 압(Ab)월 9일 즉 예루살렘이 바벨론에게 파괴당한 날 에 낭독한 두루마리이다. 본서의 내용이 바로 예루살렘의 파괴와 그 후의 참상을 기록한 것이기 때문이다.

본서의 구조적 특징은 제 1장부터 4장까지 각 장이 히브리 글자 가나다순으로 각 절 의 첫 글자가 되게 지었다는 것이다. 이러한 형식을 아크로스틱(Acrostic)시형이라고 한다. 그래서 각장의 절수가 히브리어의 가나다 글자 수인 22절로 되어있다. 제3장은 글자 하나로 세절씩 만들었기 때문에 66절이 되어있다. 제5장은 가나다 순 으로 짓지 않았지만 절수는 22절이다. 본서는 주전 586년에 멸망한 유다와 예루살렘의 참상을 슬퍼하는 시이다.

선민 이스라엘 민족의 국가가 한 때는 모든 나라의 수도 중에서 으뜸가던 예루살렘의 현재의 비참이 무슨 까닭인가? 그것은 하나님과의 언약을 어기고 죄를 지은 결과라는 것을 솔직하게 고백한다. 동시에 저자는 소망을 하나님께 두고 애절하게 하나님께 구원하여 주실 것을 기도하고 있다.

전도서는 장막절에 낭독이 되는데 어떠한 역경에서도 절망하지 않고 소망을 가지고 굳세게 살아가는 것이 신앙이라고 가르치는 기독교의 성경에 허무주의적 냄새가 물씬 나는 이 책이 정경으로 수록되어 있는 일은 놀라운 일이다. 인생의 달관자의 입장에서 일체의 노력이나 기쁜 일이 무가치 하고 허무한 일이라고 단정하고 있다. 그런데 이러한 책이 유대인의 즐거운 절기인 장막절에 낭독하는 두루마리 책이었다니 매우 역설적인 교훈이 담긴 책이라고 아니 할 수 없다.

이 책은 생의 비극과 비참과 허무성속에서 그것들을 초월하는 저쪽에 인간의 관심을 끌어가려는 교훈이라고 할 수 있다. 저자가 헛되다고 단정해 버리는 것은 하나님께 대한 신뢰나 또는 하나님의 계획이 아니고 인간 자신에 대한 신뢰를 두고 하는 말이다. 5:2나 12:13-14 같은 곳을 보면 저자는 인간의 허무를 절감한자이지 하나님의 섭리나 힘 또는 그에 대한 신앙을 허무로 보는 사람은 아니었다. 본서에서 찾아볼 중요한 교훈과 사상 몇 가지가 있다.

인간의 일과 계획과 힘은 유한한 것, 상대적 이라는 것, 인간은 하나님이 주시는 삶을 단순하게 받아들이고 순종하면 거기에 가치 있는 삶이 있다는 것, 현실의 삶에는 모순당착과 고통이 많은 것 같으나 그 배후를 깊이 꿰뚫어보면 거기에 하나님의 섭리가 있다는 것, 인간의 최고의 삶은 하나님의 명령을 따라 사는 것 등이다.

에스더는 부림절에 낭독이 되는데 파사왕 고레스가 유대인을 해방하여 고국에 돌아가게 했으나 고국에 돌아가지 않고 광대한 파사제국의 여러 곳에 흩어져 사는 유대인들이 많았다. 본서의 내용은 이러한 유대인 사회에서 일어난 일이다. 즉 파사 왕국의 수도인 수산에 살던 에스더라는 유대인처녀가 파사의 왕비가 되고 열렬한 민족애를 가진 모르드개라고 하는 삼촌과 함께 파사제국의 총리대신인 하만이 유대인을 몰살 시키려는 흉계를 막고 자기 민족을 전멸의 위기에서 구원하였다고 하 는 드라마틱한 기록이다.

본서는 유대인들의 통쾌한 절기인 부림절의 유래를 설명 하고 있는 것이다. 유대인들은 아달월 14,15일을 부림절로 지키고 본서를 낭독하며 민족이 수난에서 구원받은 것을 기념한다. 부림이라는 말은 제비라는 뜻이다(에9:24-26). 본서에서 우리는 에스더와 모르드개 두 사람의 강인하고 결사적인 민족애와 희생정신 을 볼 수 있다.

동시에 원수를 갚기 위하여 7만 5천 명을 죽인 유대인들의 잔인성에 소름이 끼치기도 한다. 또한 본서에서는 하나님의 이름이 한 번도 나오지 않는 것에 놀라지 않을 수 없다.

창조와 타락, 새 창조

창세기 1-2장은 우주의 창조와 인간의 창조에 관한 이야기다. 아담을 창조하고 하나님이 다스리는 세계를 열었지만 아담과 하와는 타락하게 되고 인간의 반역은 쉴 새 없이 지속된다.

하나님이 우리 중에 거하시기 위해 성막, 장막 등 거처를 만들고 가까이 하셨지만 인간은 우상을 만들고 섬기며 반역을 하고 있었다. '만물을 새롭게 하노라.' 고 하나님의 형상에 주권의 대행자로 창조된 인간에게 의로움과 다름 즉 성별, 구별을 두셨으며 이 땅을 다스리고 정복하라고 하셨다. 이것은 메소포타미아지역 역사와 신화에서도 언급되고 있다. 온 우주는 하나님이 거하시는 성전인 것처럼 하나님이 계신 곳이 곧 성전인 것이다.

히브리어로 바라- create, 세렘- form, 앗사-make 이다. 하나님은 의, 의로움 즉 바름, 바른 관계를 원하신다. 하나님과 인간 사이, 인간과 인간 사이, 인간과 물체 사이에 바른 관계를 요구하신다. 인간에게 왕적이며 제사장적인 소명을 주셨지만 인간은 수행을 포기하고 타락하게 되었다. 부조화의 세상이 오게 된 것이다.

이스라엘 백성은 우상숭배의 반역적인 태도로 하나님께 불순종의 길을 택하였다. 결국 불의한 존재로 살게 된 것이다. 이것은 기능상태 역할로서 타락을 의미하기도 한다. 죄는 관계성이 깨지는 것이며 회개하고 돌아오는 것은 개인적이라기보다는 인류전체에 대한 하나님의 요구이시다. 1장 26-28절은 왕적인 소명을, 2장 15절은 제사장적인 소명을 가리키고 있다. 아바트는 섬기고 가꾸며 지킨다는 의미다.

에덴동산은 지성소이다. 하나님이 임재하시는 곳이다. 제사장적 소명은 다름이며 구별이고 성별이다. 왕 같은 제사장의 나라는 천지창조의 의미가 담겨 있다. 포로 이후 하나님의 꿈이 우리 중에 거하는 것이다. 하나님 나라의 설립이고 아바드, 자카르 바름과 배타적인 다름이 이루어지도록 하늘에서도 이루어지고 땅에서도 이루어지는 주기도문인 것이다. 하나님은 구원의 성취와 하나님나라의 완성을 위하여 요한계시록 21장과 22장에서 예수그리스도를 재창조 하셨다. 아담이 인류의 대표자였다면 예수그리스도는 새 인류의 대표자인 것이다.

아담이 타락한 인류의 대표자라면 예수는 새롭게 회복된 새 인류의 대표자가 되시는 것이다. 예수그리스도께서 세례를 받으실 때에 이미 하나님으로부터 마태복음 3장에서는 사랑하는 아들로, 기뻐하는 아들로, 영원히 기억하는 아들로, 마음에 드는 아들로 인정을 받으셨다. 구원받은 우리 또한 하나님의 아들들로 하나님께서 인 치심 하신 것을 믿음으로 승리하게 된다. 그런 승리의 날을 기도하며 이 땅에서 살아가는 동안 신앙생활을 하게 된다.

마태복음 4장 1-12절은 예수님이 세례를 받으신 후 광야에서 40일간 금식하신 후에 기록이다. 이것은 시험이 아니라 하나님의 아들이 가져야 할 신앙적인 태도가 아닐까? 먼저 돌들을 떡이 되게 하라는 경제적인 문제인가? 광야에서 만나를 주셨지만 메추라기까지 요구하였던 백성들을 기억하게 한다. 수고하지 않고 먹는 것 그것을 넘어서 하나님의 말씀이 우선임을 선포한 것이다.

다음은 기적이나 이적적인 문제일 것이다. 인간은 누구나 특별한 능력, 체험, 소유를 하고 싶어 한다. 높은 건물에서 떨어졌을 때 살아나거나 날 수 있다면 요즘 만화나 게임영상처럼 얼마나 대단할까?

그러나 하나님을 시험하지 말라는 지극히 땀, 눈물, 피의 노력이나 희생을 우선 시 하는 말씀이 아닌가? 하나님을 기적이나 이적으로 받아드리는 신앙을 경계해야 한다.

마지막으로 마귀에게 절하면 천하만국을 다스리는 권력을 준다고 부축이었다. 절대 권력은 하나님의 뜻이 아니다. 하나님이 우리에게 주신 권세면 족하다. 시편 91편이나 6편에서처럼 천사의 신실함을 시험함이다. 새 인류의 대표이신 예수는 오직 하나님만을 섬김으로 천사들이 수종을 들게 되었다. 우리 생애는 성례전과 다름이 없는 것이다.

마태복음 5장 1-16절에서 예수의 원형적인 이해를 할 수 있다. 예수의 인성이 1-4장에서 나타났다면 산상수훈에서는 하나님나라(천국)을 그대로 보여주고 있다. 우선 1-2절에서 모세와 시내산 그리고 백성들처럼 산상, 제자, 선포가 있는 구조로 설득력을 높인다. 3-10절까지는 천국은 하나님의 다스림, 하나님의 왕국을 확실하게 말씀하셨다.

미래형인 복 팔복설교는 새 인류의 원형인 예수를 통해 중재되어 너희들에게 주어질 것이다. 신적 수동태로 구성한 것이다. 이미 행복한 상태가 된 제자들을 강조하고 있다. 그들은 3인칭 복수, 너희들은 2인칭 복수로 말하였으며 13-16절에서는 행복이 곧 이미 도래한 세상의 빛과 소금임을 선포하셨다.

부자와 양의 문

도대체 성경이 청빈을 가르치고 있다는 말인가, 아니면 청부를 가르치고 있다는 말인가? 사람들은 일반적으로 부자가 되고 싶어 하며 가난하게 살기를 싫어한다. 우리는 그 이유를 명확히 알고 있어야만 부로 인해 교만하거나 부의 추구를 최고선으로 여기지 않을 것이며, 가난한 현실에 대해서도 비굴해지거나 그것 자체를 자랑거리로 삼지 않을 수 있게 될 것이다.

삼박자적 축복관이 주류를 차지하고 있는 한국교회 가운데서 물질관에 대한 새로운 논의가 시도되고 있는 것이니 신학적인 확인을 하지 않으면 안 될 것이다. 한국교회의 목회자 생활비에 대한 논의가 시작되었다. 대수교회의 목회자들 가운데는 연봉이 수억, 수십억에 이른다는 말이 아니다. 동일한 시대 동일한 국가 안에서 목회를 하고 있는 어떤 목회자들은 연봉 천만 원에도 훨씬 못 미치는 생활비를 받고 있다는 점을 고려할 때 목회자들 사이의 빈부격차는 심각하다고 할 수 밖에 없다.

청부란 하나님을 믿는 사람들이 돈을 많이 벌어 부자로 살면서 사회적 책임을 다하는 것이 바람직하다는 논리나 성경의 본질적인 면을 간과한 그에 대한 논의는 엉뚱한 다툼에 머물 뿐 아니라 일부 교인들에게 예기치 않은 명분만 제공할 위험마저 있다. 즉 부유한 사람들이 자신의 부를 하나님의 축복이라 여기거나 그것을 바라는 사람들에게 신기복주의 사상에 빠져들게 하는 위험이 도사리고 있다.

겉으로는 청빈을 이야기 하면서 속으로는 물질적 축복을 강조하는 한국교회의 이율배반적인 가르침에 대해 본질적인 새로운 해석이 필요하다. 기독교인인 우리 역시 다 부자가 되고 싶어 하는 것이 사실이다. 그러므로 부자가 되어 가난한 사람들을 도와주고 좋은 일을 많이 하겠다는 것이 어린 성도들의 소박한 이유일 것이다. 그러한 마음을 가지는 데 대해서는 예외가 없으리라 생각한다.

종교 지도자들 가운데 청빈하게 산다고 하는 이들을 보지만 그것은 엄청난 부자들만이 할 수 있는 일종의 특권일 따름이다. 가진 집이 없고 재산이 없는 것만으로 청빈한 삶이라 할 수 없다. 수중에 돈이 없어도 언제든지 누군가로부터 대접받을 만한 위치에 있는 사람들을 청빈한 삶과 관련짓는 것은 무리이다. 법이나 행정상으로 소유가 없다고 하는 무소유는 '낭만적 무소유' 일 것이다.

종교지도자들도 이 세상에서 살아가는 일상적인 삶에 있어서 다른 사람들과 차이나는 것이 전혀 없다. 그들도 남들처럼 부양해야 할 가족이 있으며 의식주 문제를 해결해야 한다. 그러므로 목회자도 부자가 되기 위한 재산 축적이 목적이 아닌 범위 안에서 건전한 경제생활을 해야 하며 저축도 해야 한다. 그래야만 도움을 필요로 하는 이웃이 있을 때나 자녀교육, 개인적 용도 등을 위해 필요에 따라 그 물질을 적절하게 사용할 수 있을 것이기 때문이다.

성경에는 신앙생활을 잘 한 사람을 하나님께서 부자로 만들어 주신 예를 거의 찾아볼 수 없다. 하나님을 잘 믿었기 때문에 부자가 된 것이 아니라 부자이던 사람이 주님을 믿게 된 예들은 종종 나타난다. 아울러 성경에는 신앙을 버리고 이방인처럼 제멋대로 살았던 사람들 중에 부자가 되고 성공한 예들이 많다는 점을 고려해야 한다.

부자가 되어 좋은 일을 많이 하며 살겠다는 것은 그럴듯한 생각이기는 하나 열심히 일한 결과로 깨끗한 부자가 되어 세상에서 훌륭한 일을 함으로써 존경받고 만족을 누리며 사는 것이 바람직한 삶이라고 생각하는 것은 지극히 위험한 생각이다. 세상에서 출세하고 성공하는 것이 마치 성도의 삶의 의미를 표현하는 한 방편이 된다고 생각하게 될 것이다. 그러나 이 세상에서의 외적인 성공이나 출세는 교회 가운데서는 아무런 의미도 없다.

'부자가 천국에 들어가는 것이 낙타가 바늘귀로 들어가는 것 보다 어렵다' 는 말씀의 의미는 부자가 천국에 들어가기 어려운 것이 아니라 천국에 들어갈 수 없다는 듯이다. 과연 우리는 이 말씀을 어떻게 이해해야만 할까? 그것은 단순히 어렵다는 뜻이 아니라 불가능함을 의미하는 것이다.

우리가 일반적으로 생각하는 유형, 무형의 재산인 학벌, 능력, 직업, 명예, 권력 심지어는 건강마저도 우리의 삶을 궁극적으로 보장할 수 없다. 그러나 그런 것들이 세상에서 큰 힘이 될 것이라고 생각한다면 그것은 위험한 생각일 수 있다. 썩어 없어질 세상의 것들로부터 삶을 보장받으려 하는 것은 우상숭배적 사고이므로 사도바울은 그런 것들을 '배설물' 로 여긴다고 표현하고 있는 것이다.

성경에서 말하는 성도의 물질관은 결국 부자가 되어야 하느냐, 아니면 가난하게 살아야 하느냐에 대한 문제가 아니라 성도의 가치관의 문제이다. 즉 부유하면서도 그것이 진정으로 아무 것도 아님을 알며 살아가는 성숙한 성도들이 있을 수 있을 것이며 가난하면서도 물질에 가치를 둠으로써 양의 문, 천국문을 통과하지 못하는 자들이 있을 수 있다. 그리고 자기의 수입을 잘 분배하고 나누는 것이 성도로서 마땅히 해야 할 행위로 여기고 그것을 마치 '자신의 의' 인 것처럼 생각하는 자가 있다면 그는 바늘귀를 통과할 수 없는 낙타처럼 양의 문, 천국문을 들어갈 수 없는 부자일 것이다.

바늘귀를 바라보며

바늘은 한 끝은 뾰족하고 한 끝에 귀가 있어 거기에 실을 꿰어 옷 등을 꿰매거나 시치는 데 쓰는 가느다란 제구이다. 뼈나 청동 혹은 강철 등으로 만들어졌다. 예수께서 부자가 천국 가기 어려움을 풍자적으로 가르치시면서 낙타와 바늘귀 비유를 사용하실 때 언급된다.

'낙타가 바늘귀로 들어가다.' 는 말씀은 인간의 힘으로는 거의 불가능에 가까운 일을 묘사할 때 사용되는 관용적 표현이다. 아랍 격언에도 '코끼리가 바늘귀로 들어간다.' 는 말이 있다. 물질을 신처럼 숭배하거나 지나치게 탐하는 자는 천국에 들어가기가 쉽지 않다는 주님의 가르침에서 비유하였다.

귀는 많은 복합어를 이루고 있다. 이들 복합어 가운데 귀가 뒤에 오는 말에 '논귀, 밭귀, 들은귀, 말귀, 목탁귀, 잠귀, 바늘귀, 햇귀' 따위가 있다. 이들 가운데 '논귀, 밭귀' 의 '귀' 는 '귀퉁이' 를 나타내는 말이다. 귀는 코처럼 얼굴의 중앙에 있는 것이 아니라, 머리 양옆에 붙어 있다. 그래서 '귀' 는 흔히 귀퉁이를 의미한다. '귀기둥, 귀돌, 귀살이, 귀울다' 등의 '귀' 도 이런 것이다. '귀기둥' 은 건물의 모퉁이에 세운 기둥을, '귀돌' 은 돌로 쌓아 만든 건물이나, 벽의 모퉁잇돌을 말한다.

'바늘귀, 햇귀' 는 생김새 때문에 붙여진 이름이다. 'a needle' s eye' 라는 것처럼 '바늘귀' 란 바늘의 구멍으로, 그 모양이 바늘의 귀 같다 하여 붙여진 이름이다. '햇귀'는 해가 처음 솟아오를 때의 빛이다. 해가 산이나 바다 위로 떠오를 때, 벌겋게 비치는 것이 귀처럼 생겼다하여 '햇귀'라 한 것이다.

오늘은 눈이 내렸다. 예배가 끝난 후 차문을 열고 닫으며 집으로 돌아오는 길이다. 아파트 정문을 통과한 후 차문을 열고 닫았다. 505동 출입문은 비번을 누르면 자동이다. 엘리베이터문도 자동이다. 302호에 도착하여 비번을 누르면 열고 들어가니 방으로 들어가는 현관문을 통과해서 내 방문을 열고 들어간다. 이처럼 오늘은 문을 열고 닫으며 통과하는 일정이 계속된 것이다. 예전과는 많이 다르게 인간과 문관계가 달라진 것이다.

예루살렘 성에는 큰 대문으로 많은 사람들이나 군대, 커다란 물품들이 이동을 하였겠지만 평상시에는 작은 문을 통하여 드나들며 일상 업무를 보게 된 것이다. 분문이라고 하여 오물을 내다버리는 문도 있었다. '바늘귀'라는 조그만 문도 있었다. 예수는 이 조그만 문과 약대의 이야기도 비유하신 것이다.

예루살렘 성문을 그림에서 보면 큰 문이 있고 문 가장자리로 다른 작은 문이 있는 것도 보인다. 현대에 도시 주택에서도 대문과 대문 안에 또 다른 작은 문이 있다. 큰 문이 필요할 때는 큰 문을 열고 짐 같은 것을 옮겼고 일상은 작은 문으로 드나들었던 것이다.

물질만능주의에 관해 성서에서 가장 많이 인용되는 구절은 다음과 같은 예수의 말이다. '낙타가 바늘귀로 들어가는 것이 부자가 하나님의 나라에 들어가는 것보다 쉬우니라.' 이것은 예수가 어떻게 하면 영생을 얻을 수 있느냐고 묻는 청년과 만난 뒤에 제자들에게 한 말이다. 예수가 그 청년에게 도덕의 계율을 말했더니 청년은 늘 지키고 있다고 대답했다. 그는 예수에게 깊은 인상을 준 듯하다. 성서에는 예수가 그를 '보시고 사랑하사' 라고 되어 있기 때문이다. 예수는 청년에게 이렇게 일렀다. '네게 아직도 한 가지 부족한 것이 있으니 가서 네게 있는 것을 다 팔아 가난한 자들에게 주라. 그리하면 하늘에서 보화가 네게 있으리라.' 그 청년은 '재물이 많은 고로 이 말씀으로 인하여 슬픈 기색을 띠고 근심하며 가니라' 고 공관복음 저자들은 기록하고 있다.

예수는 정말 모든 사람이 자기 재산을 내놓아야만 천국에 간다고 말한 걸까? 평생 나누는 일을 한 성자도 있다. 하지만 예수는 그 청년이 정신적 안정을 바라면서도 재산에 너무 집착하므로 천국에 들어가기 어렵다고 말했던 것이다. 예수와 청년의 만남은 여러 번 미술의 주제가 되었다. 예수는 수수한 옷차림이나 얼굴이 빛이 났으며 부자청년은 화려한 옷차림이지만 슬픈 표정으로 묘사된다.

아람어에서 밧줄을 '감타(gamta)', 낙타를 '가믈라(gamla)' 라고 했는데, 이를 희랍어로 받아쓰는 과정에서 복음의 서술자가 착각했다는 것. 즉, 원래는 "낙타가 아니라 밧줄을 구멍에 통과시키는 것이 어렵다고 하신 거였다."는 주장이다. 예루살렘에 바늘구멍이라는 별명의 좁은 성문이 있었는데, 그 문으로는 낙타가 지나가려면 짐을 다 내리고도 구부정하게 구부려야, 심지어 무릎을 꿇어야 간신히 지나갈 수 있을 정도로 통과하기 어려운 문이었다는 것이다. 이는 캔터베리의 안셀무스, 토마스 아퀴나스 등이 주장한 학설로 알려져 있는데, 근대 이후 부르주아 시민계급에 영합해서, 부지런히 일해 성공한 소위 '선한 부자'들을 옹호해야 한다고 생각했던 청교도 측에서 지지하기도 했다.

바늘귀를 바늘과 바늘구멍으로 본다면 실과 관계가 있겠다. 실은 가는 실도 있고 노끈이나 밧줄처럼 굵은 실도 있을 것이다. 바늘구멍으로 가는 실은 꿸 수가 있지만 밧줄은 불가능한 것이다. 혹시 바늘을 크게 만들고 구멍을 크게 한다면 가능도 하겠지만 말이다. 그러나 예루살렘 성에는 큰 문도 있지만 통상 작은 문도 있는 것이다. 성에 드나드는 사람들의 편리를 위해서 말이다. 현대에도 대문도 있지만 쪽문처럼 작은 문도 있듯이 말이다. 그렇다면 약대와 바늘귀(쪽문처럼 작은 문)도 가능한 이야기이다.

성경에는 당대 기준으로 재력가에 꼽힐 만한 인물들이 많이 등장한다. 일단 아브라함부터 부자였으며, 야곱, 이사악도 부자였다. 예수의 애제자이자 천국으로 가는 열쇠를 받은 베드로의 경우에도 갈릴리 호수의 어부 출신으로, 당시에 자기 소유의 배가 있었다. 또한, 유대인들은 당시나 지금이나 구약에서 허락한 음식인 코셔 푸드를 먹었는데 '물에서 나는, 비늘이 있는 생물'인 물고기는 이들에게 필수적인 음식이었다. 따라서 고기를 잡아 파는 베드로는 가난한 사람이라기보다는 부자에 가까운 인물이었다. 또한 예수에게 무덤을 드린 아리마태아의 성 요셉도 부자였다.

결국 성경 속 부자였던 성인들은 천국에 갔을 것이므로, 여기서 중요한 것은 예수 그리스도에 대한 거룩한 마음과 올바름이며, 자신의 부를 통해 가난한 자를 돕는 등 기독교 교리에 합치되게 살아간다면 아주 가난한 자가 아니더라도 구원의 대상이라고 할 수 있지 않을까 한다.

타락한 천사

'타락한 천사' 는 유대민족의 구전과 전승에 기반을 한 내용이다. 성경과 달리 '릴리트' 라는 여성이 등장한다. 7-10세기에 기록된 중세 유대교 문헌인 『벤 시라의 알파벳』에도 아담의 첫 아내였다는 릴리트 이야기가 나온다. 릴리트는 가나안 지역 일대에서는 여신으로 추앙받기도 했다. 릴리트는 주로 뱀과 함께 팜므파탈의 이미지로 그려진다. 메소포타이마 문명은 유대 문화에 큰 영향을 미쳤다. 메소포타미아 일대의 고대 국가에 전해져 내려오던 낙원 신화와 대홍수 신화 등은 유대민족의 성경이야기와 닮은 점이 많다.

유대신화에 따르면 하나님이 흙으로 빚어서 남자와 여자를 창조한다. 남자는 아담, 여자는 릴리트이었다. 다시 말해 성경이 아닌 성경 밖의 유대신화에서는 아담의 첫 아내는 이브가 아니라 릴리트라고 돼 있다. 그럼 유대신화에서는 이브는 창조하지 않고, 릴리트만 창조한 건가? 아니다. 먼저 아담과 릴리트를 만들었다. 그것도 아담과 릴리트를 흙으로 동시에 창조했다고 돼 있다. 그런데 릴리트가 아담의 곁을 떠나버렸다. 그래서 하나님이 아담이 잠들었을 때 아담의 갈비뼈로 다시 여자를 창조한다.

릴리트는 왜 아담의 곁을 떠났는가? 출발은 '잠자리의 주도권' 문제이었다. 릴리트는 구체적으로 어떤 불만을 가지고 있었는가? 하나는 아담이 원할 때는 언제든 잠자리에 응해야 한다는 것, 또 하나는 부부 관계를 가질 때 항상 남성 상위 체위를 한다는 것이었다. 그래서 릴리트가 아담에게 따졌다. 당신과 나는 똑같이 흙으로 만들어졌다. 그런데 왜 나만 부부관계를 할 때 당신 밑에 누워야 하느냐? 요즘 시각으로 보면 굉장히 독립적이고 주체적인 여성이다. 남성과 여성이 동등하다고 말하고 있다.

이 말을 듣고 아담은 뭐라고 했는가? 아담은 이렇게 답했다. '나는 너보다 윗사람이다. 너는 내 말에 복종해야 한다.' 그랬더니 릴리트가 이랬다. '우리는 둘 다 흙으로 만들어졌으니 동등하다. 우리는 서로 복종해야 할 아무런 이유가 없다.' 그런 뒤에 릴리트는 아담을 떠나버렸다. 아담의 곁을 떠나 홍해로 간 릴리트는 악마 루시퍼의 연인이 된다. 성경과 달리 유대신화에는 아담에게 이브 이전의 첫 여자, 릴리트가 등장한다. 어찌 보면 아담과 이브의 숨겨진 '부부의 세계' 성평등 문제들과 연관 있다.

겉으로는 '성관계에 대한 불만' 으로 비치지만, 속을 깊이 따져 보면 '인간의 본질적 평등' 에 대한 불만이다. 하나님이 인간을 지을 때, 당신의 모습을 본 따 지었다. 겉모습을 본 딴 게 아니라, 속성을 본 딴 것이다. 그게 '신의 모상' '이마고 데이(imago Dei)' '이미지 오브 갓(image of god)' 이라고 하는 '신의 속성' 이다. 그걸 인간에게 불어넣었다. 그러니까 남자의 속성과 여자의 속성은 무엇과 닮았는가? 신의 속성과 닮았다. 왜 모든 인간(남녀가)이 본질적으로 동등하고, 왜 본질적으로 평등한가?

남자의 속성과 여자의 속성과 신의 속성이 하나이기 때문이다. 서구 민주주의의 기본 가치가 무엇인가? '자유와 평등' 이다. 그 뿌리가 여기서 나온다. 인간은 생겨날 때부터 자유의지가 있고, 생겨날 때부터 신의 속성을 통해 평등하다. 누가 누구를 지배하고, 누가 누구에게 복종해야 하는 관계가 아니다. 지금 보면 릴리트의 사고는 굉장히 진보적이고, 진취적이고, 시대를 앞서 나간 사고였다. 아담의 곁을 떠난 릴리트는 어디로 갔는가? 릴리트는 홍해의 한 동굴로 가서 악마인 루시퍼를 만나게 된다.

사람이 선악과를 먹고서 '하나님 나라' 로부터 멀어졌듯이, 욕망을 품은 천사도 그랬다. 이들 천사 무리도 '하나님 나라' 로부터 멀어졌다. 욕망을 먹고서 에고가 자라면, 어김없이 '하나님 나라의 속성' '신의 속성' 으로부터 멀어지고 만다. 이렇게 변심한 천사의 무리가 악마가 됐다. 변심한 천사들의 대장, 그 천사장이 다름 아닌 루시퍼다. 릴리트는 이 루시퍼를 만나서 연인 사이가 된다. 가부장적인 부계중심의 고대 유대사회에서 독립적이고 진취적인 여성 릴리트는 결국 '악의 생산 기지' 로 전락한다.

그럼 악마는 처음에 어떻게 생겨난 걸까? 기독교는 하나님이 천사를 창조했다고 믿는다. 그런데 천사는 영적인 존재이다. 영은 있지만 사람처럼 육체를 가지고 있진 않다. 어쨌든 '천사' 는 그리스어로 '엥겔로스' 라고 부른다. '하나님의 심부름꾼' 이란 뜻이다. 그래서 천사를 '신의 메신저' 라고도 부른다. 그런데 하나님의 심부름을 하던 천사들 중 일부가 욕망을 품게 된다. 어떤 욕망을 갖게 될까? 신처럼 전지전능한 존재가 되고 싶다는 욕망이다. 어찌 보면 일부 천사에게 일종의 에고가 생겨난 게 아닐까?

성경에서 창조된 최초의 사람은 아담이다. 물론 인류역사에서는 인간이 200만년전경에도 살았고 70만전년경에도 단양 수양개 유적, 35만년전경 연천전곡리 유적에 구석기인이 살았다고 가르친다. 네안데르탈인, 호모 사피언스 등을 언급한다. 요즘은 아담이 창조된 이야기가 수메르 점토판에서도 기록으로 밝혀졌다고 한다. 신을 이야기하며 천사들도 언급이 되고 신을 위하여 노예로 만들어진 인간의 이야기도 있다고 한다.

무속인 경신회

무속인은 무속의 사제자로, 길흉화복을 점치고 굿을 주관하는 사람의 총칭이다. 지역이나 성별에 따라 호칭에 차이가 있는데 충청도에서는 법사, 전라도에서는 단골, 제주도에서는 심방이라고도 한다. 여자 무당을 만신이라고 하며, 남자 무당은 박수·화랭이·낭중·양중이라고 한다. 최근 무당이란 말에는 천시하는 의미가 담겨 있다고 하여 무속인이란 표현을 쓰기도 한다.

한국의 전통적인 샤머니즘을 무속, 무교라고 하는데, 이들은 고유의 관점이 존재하는 말들이다. 무속은 불교학자 이능화가 샤머니즘을 전통적인 관습으로 이해하여 처음 사용한 말이며, 지금은 국문학자들과 민속학자들이 즐겨 사용하고 있다. 무교는 개신교 신학자 유동식이 처음 사용한 단어이며, 샤머니즘을 독립된 종교로 존중하는 중립적 입장의 종교학자들이 사용한다.

무당의 시조에 대해서는 여러 가지 설이 있다. 지리산의 성모천왕(聖母天王)과 법우화상 사이에서 태어난 자식이라는 성모전설·중국 황제의 딸이나 왕녀였다는 왕녀전설·귀족 여성이라는 귀녀설·왕명을 받들어 무사(巫事)를 시작했다는 왕무전설 등이 그것이다. 이 가운데 어느 것이 무조전설의 원형인지 알 수 없지만, 무당이 원래 고귀한 신분이었다는 점에서는 일치하고 있다.

고조선 시대를 상징하는 건국 신화인 단군신화를 보면, 곰과 호랑이가 나오고 천신의 자손 환웅이란 용어가 나온다. 이외에도 태백산, 신단수 등을 신성시하는 것으로 보아, 애니미즘, 토테미즘 등을 그 시대에 믿었음을 알 수 있다. 또한 당시는 제정일치 사회였으므로 종교 지도자와 정치 지도자가 일치했다. 애니미즘과 토테미즘, 샤머니즘은 지금도 무속의 핵심적인 요소이다.

고조선 때부터 제천 의식이 더욱 발전하고 고구려, 부여, 마한, 예 등의 국가가 세워지면서 고조선 제천 의식이 발달하게 되었다. 제천 의식은 문화적 특질과 종교적 특질 모두를 가지고 있는데, 삼국지 위지 동이전에는 고대국가 부여, 고구려, 예, 마한 등의 나라가 모두 제천의례를 거행한다고 기록하고 있다. 부여의 영고, 고구려의 동맹, 백제의 무천, 마한의 천제 등이다.

고대국가의 지배자들이 무속의 권위를 빌어 정치권력을 정당화하고자 했으며, 스스로 무당처럼 사제자적 역할을 했다. 이것은 고대국가의 왕호인 단군이나 차차웅이 무당을 뜻한다는 사실을 통해서도 짐작할 수 있다. 이러한 시기이기에 무격들은 국가조직의 일원으로 참여했으며, 국왕의 측근에서 국정을 보좌하면서 정치적으로나 사회적으로 커다란 영향력을 발휘하고 있었다.

세습무란 무격이 되는 특정 가계에서 가업을 이어받아 무격으로 활동하는 사람들이다. 이들은 어린 시절부터 춤과 노래 등 필요한 재주들을 익혀 무업에 종사한다. 그러나 신 내린 강신무와는 달리 입무 과정에서 강신체험은 없으며, 의례 과정에서도 신령과 일체화되는 일은 없다. 그 대신 가무에 뛰어난 기량을 발휘하여 신령을 즐겁게 함으로써 의례의 목적을 달성하고자 한다.

경신회는 무속인들이 조직한 단체로 전국적으로 연합회 성격의 모임을 갖고 있으며 무속인 자격증까지 발행하고 있다. 승공을 기치로 내걸며 세를 과시하고 정치에 참여하기도 하였다. 개인적으로는 집안의 인척이 경신회 도 지부장을 할 만큼 밀접한 이웃이기도 하고 원주지역 중적기, 백기가 많이 걸려 있는 봉산동이기도 하다. 옥황당, 천신보살 등 간판을 내걸고 활동한다.

철학관이나 사주, 작명 등의 간판도 달고 있기도 하며 심리상담소, 기치료 등의 간판도 보이기도 한다. 재혼한 고종사촌 동생은 용인에서 철학관을 운영하고 있으며 부인은 무속인이다. 정년퇴직한 지인은 대학 평생교육원에서 동양철학, 기철학 과정을 이수하고 사무실을 내어 활동하기도 한다. 다양한 사회에서 활동은 자유이나 사기행위, 저주행위, 거짓술수 등은 폐해가 된다.

우리 큰 외삼촌은 50년대 중반 경찰로부터 시작하여 조합장, 금융업 등 여러 직업을 수행하셨다. 영창실업을 운영할 당시에는 우리 아버지께서도 특별한 직업이 없던 차에 함께 몇 년간 일을 같이 하셨던 것으로 기억된다. 원주에 들리면 사무실에 들려 인사를 하고 집으로 가곤 하였다.

그렇게 열심히 사시던 분이 무속인 연합회가 전국적으로 조직이 되면서 강원도 회장단 활동을 하셨다고 한다. 인생후반부에는 정선 함백 지역에서 겨울철에 운명을 달리하셨는데 장례에 참여하기도 하였다. 운명하신 집은 무속인의 집이었던 것으로 기억된다. 무슨 관계인지는 상세하게는 몰라도 투병 중에 있었기에 치료나 위안을 찾기 위하여 기거하셨던 것으로 추측이 된다.

天堂은 川黨이다

天자는 사람이 서 있는 모양(大)과 그 위로 끝없이 펼쳐져 있는 하늘(一)의 뜻을 합한 글자로 「하늘」을 뜻한다. 그런데 갑골문에 나온 天자를 보면 大자 위로 동그란 모양이 이미지다. 이것은 사람의 머리 위에 하늘이 있다는 뜻을 표현한 것이다. 고대 동아시아인들은 하늘은 동그랗고 땅은 네모나다고 생각했다. 그래서 天자는 사람의 머리 위에 동그라미를 그려 '하늘' 을 뜻했었지만 소전에서는 단순히 획을 하나 그은 것으로 바뀌게 되었다. 하늘 天은 범(deva) 인도에서 모든 신을 통 들어 이르는 말이다. 천지만물을 주재 하는 사람, 곧 조물주나 상제 등을 말하며 인간세계보다 훨씬 나은 과보를 받는 좋은 곳을 의미하게도 되었다.

堂자는 뜻을 나타내는 흙토(土흙)部와 음을 나타내는 尙(상→당)이 합하여 이루어진다. 음을 나타내는 尙(상→당)은 上(상)과 마찬가지로 높은 곳→위의 뜻이다. 土(토)는 흙, 흙을 높이 쌓아올린 위에 세운 네모난 건물이며 공적인 일을 하는 곳, 나중에 殿(전)이라 일컫게 된다. 이렇게 집을 그린 尙자에 土자를 더한 것으로 본래의 의미는 '사각형의 토대' 이다. 여기서 말하는 '사각형의 토대' 란 집을 짓기 위한 토대를 뜻한다. 그러나 지금의 堂자는 단순히 '집' 이라는 뜻으로 쓰이고 있다. 명당으로 좋은 묏자리나 집터, 대청의 문설주로 문짝을 끼워 달기 위하여 문의 양쪽에 세운 기둥, 평지, 널찍한 곳, 풍채가 당당하다 등의 뜻도 있다.

川자는 갑골문에서부터 지금까지 큰 변화가 없는 글자이다. 물이 굽이쳐 흐르는 모습을 형상화한 것으로 하천을 따라 흐르는 물이 잘 표현되어있다. 사실 '물'을 뜻하는 水(물 수)자와 이미지 '하천'을 뜻하는 川자의 이미지다. 다만 水자는 물의 성질이나 특성과 관련된 글자로 쓰이는 반면 川자는 하천의 특징과 관련된 글자에 쓰인다는 것이 차이점이라 할 수 있다. 그래서 川자가 부수로 쓰일 때는 '물길'이나 '따라 돌다'라는 뜻을 전달하게 된다. 참고로 川자가 부수로 쓰일 때는 巛자로 바뀐다. 시내 川은 양쪽 언덕 사이로 물이 흐르고 있는 모양으로 시내나 강을 뜻하지만 물귀신, 굴, 깊숙하게 패인 곳, 들판, 평원 등의 뜻도 있다.

黨자는 뜻을 나타내는 검을흑(黑검다)部와 음을 나타내는 尙(상→당)으로 이루어진다. 尙(상)은 높은 창문에서 연기가 나가는 모양을, 黑(흑)은 창문에서 붙는 그을음을 나타낸다. 黨(당)은 연기 나는 창문에 그을음이 뭉쳐서 검게 묻다→똑똑하지 않음을 뜻한다. 본디는 쓸데없이 사람들이 많이 모이는 모임을 黨이라고 했던 것인데, 나중에는 같은 목적으로 모이는 사람들이란 뜻으로 썼다. 아궁이에 불을 지피면 연기가 나게 마련이다. 그래서 黨자의 본래 의미는 '선명하지 않다'였다. 아궁이에서 피어오르는 연기가 집안을 가득 메우고 있다는 뜻이었다. 주의 · 사상 등이 같은 사람들에 의해 조직되는 정치 결사체, 정당으로 쓰게 되었다.

1만년전경 평원대강 가에 살던 한 무리가 간빙기 140여m의 해수면 상승으로 저승이 되자 地獄이 되어버린 池屋을 버리고 차승을 오르다가 다시 이승으로 하늘 맞닿은 높은 곳으로 이주하여 집을 마련하니 天堂이 되었다. 이것이 川黨에서 天堂으로 바뀌게 된 것이리라.

천당은 극락이며 낙원인 것이다. 1만년전경 이후 천지개벽 속에서 동아시아를 볼 때 천당은 히말라야 파미르고원이 아니겠는가? 평원대강 가에 자리 잡은 염라국은 저승지옥이 되었고 한 무리는 높은 곳으로 올랐으니 그곳이 마고 천당이요, 극락이며 낙원이었을 것이다.

> "나의 사업을 크게 하였노라. 내가 나를 위하여 집들을 짓고 포도원을 일구며 여러 동산과 과원을 만들고 그 가운데에 각종 과목을 심었으며 나를 위하여 수목을 기르는 삼림에 물을 주기 위하여 못들을 팠으며 남녀 노비들을 사기도 하였고 나를 위하여 집에서 종들을 낳기도 하였으며 나보다 먼저 예루살렘에 있던 모든 자들보다도 내가 소와 양 떼의 소유를 더 많이 가졌으며 은금과 왕들이 소유한 보배와 여러 지방의 보배를 나를 위하여 쌓고 또 노래하는 남녀들과 인생들이 기뻐하는 처첩들을 많이 두었노라."

전도서 기자의 낙원인가?

> "내 누이, 내 신부는 잠근 동산이요 덮은 우물이요 봉한 샘이로구나. 네게서 나는 것은 석류나무와 각종 아름다운 과수와 고벨화와 나

도풀과 나도와 번홍화와 창포와 계수와 각종 유향목과 몰약과 침향과 모든 귀한 향품이요. 너는 동산의 샘이요. 생수의 우물이요. 레바논에서부터 흐르는 시내로구나."

아가서 기자는 낙원을 노래한 것인가?

"달린 행악자 중 하나는 비방하여 이르되 네가 그리스도가 아니냐. 너와 우리를 구원하라 하되 하나는 그 사람을 꾸짖어 이르되 네가 동일한 정죄를 받고서도 하나님을 두려워하지 아니하느냐. 우리는 우리가 행한 일에 상당한 보응을 받는 것이니 이에 당연하거니와 이 사람이 행한 것은 옳지 않은 것이 없느니라하고 이르되 예수여 당신의 나라에 임하실 때에 나를 기억하소서하니 예수께서 이르시되 내가 진실로 네게 이르노니 오늘 네가 나와 함께 낙원에 있으리라 하시니라."

누가복음 기자의 낙원은 예수님이 말하는 낙원인가?

"내가 그리스도 안에 있는 한 사람을 아노니 그는 십사 년 전에 셋째 하늘에 이끌려 간 자라. 그가 몸 안에 있었는지 몸 밖에 있었는지 나는 모르거니와 하나님은 아시느니라. 내가 이런 사람을 아노니 그가 몸 안에 있었는지 몸 밖에 있었는지 나는 모르거니와 하나님은 아시느니라. 그가 낙원으로 이끌리어 가서 말로 표현할 수 없는 말을 들었으니 사람이 가히 이르지 못할 말이로다."

낙원은 고린도후서에서 바울이 말하는 셋째 하늘을 가리킴인가?

조선노동당은 전체주의를 택하고 있다. 삼대 세습왕조 체제를 공고히 하는 평양시민 200만과 노동당원들은 지상낙원이라 하겠지만 나머지 2000만 인민은 도대체 어떻게 설명할 수 있겠는가?

'법무장관' 과 '검찰총장' 이 벌이고 있는 이런 상황, 한 대통령이 임명한 자리에서 서로 싸움이 가능한 이야기인가? '더0당' 과 '국0힘' 으로 벌어지는 현실상황을 볼 때 과연 이 땅이 낙원이겠는가?

천당(天堂)은 기독교에서는 이 세상에서 예수를 믿은 사람이 죽은 후에 갈 수 있다는, 영혼이 축복받는 나라, 하나님이 지배하는 나라라고 본다. 불교에서는 하늘에 있는 궁전이다.

극락(極樂)은 더없이 안락해서 아무 걱정이 없는 경우와 처지나 그런 장소이다. 불교에서는 아미타불이 살고 있는 정토로, 괴로움이 없으며 지극히 안락하고 자유로운 세상이다.

귀신생사론鬼神生死論

귀신은 사람의 죽은 넋이다. 사람에게 복과 화를 준다는 정령이다. 어떤 일을 유난히 잘하는 사람을 말하기도 한다. 생사는 태어남과 삶과 죽음이다. 생로병사의 4고(苦)의 시작과 끝이다.

鬼자는 죽은 사람의 넋, 도깨비, 상상의 괴물, 별의 이름, 교활하다 등의 뜻이 있다. 무시무시한 머리를 한 사람의 형상으로 죽은 사람의 魂(혼)의 뜻을 나타낸다. 부수로 쓰일 경우에는 영혼이나 초자연적인 것, 그 작용에 관한 의미를 담고 있다. 옛사람들은 혼을 양, 백을 음으로 보았는데, 사람이 죽으면 혼은 양의 성질을 가지고 있어서 하늘로 돌아가고 백은 음의 성질을 갖기 때문에 땅으로 돌아간다고 생각했다. 즉, 혼백은 사람이 사는 동안 몸에 머물러 있던 기의 개념이다. 그러한 기를 뜻하는 글자로 '귀신' 이라는 뜻을 갖고 있다. 하지만 鬼자는 귀신을 그린 것이 아니다. 왜냐하면 갑골문을 보면 무릎을 꿇고 있는 사람의 얼굴에 田(밭 전)자가 이미지 때문이다. 이것은 '가면' 을 쓴 사람이 제사를 지내고 있는 모습을 표현한 것으로 鬼자는 이러한 모습이 변형된 것이다.

神자는 덕이 높은 사람, 해박한 사람, 불가사의한 것, 고상하고 신비스러운 운치, 영묘하다, 신기하다, 몸가짐이나 언행을 조심하다, 소중히 여기다, 영험이 있다 등의 뜻이 있다. 인간의 종교심의 대상이 되는, 초 인간적인 위력을 가지고 세계를 지배한다고 하는 존재이다. 명명한 중에 존재하며 불가사의한 능력을 가지고 인류에게 화복을 내린다고 믿어지는 신령이다. 곧 종교 상 귀의하고 또 두려움을 받는 대상이다. 거룩하여 감히 침범할 수 없는 것이다. 뜻을 나타내는 보일시(示(=礻)보이다, 신)部와 음을 나타내는 申(신)이 합하여 이루어진다. 申(신)과 만물을 주재하는 신(示)의 뜻을 합)하여 「정신」을 뜻한다. 申(신)은 번갯불의 모양, 示(시)변은 신이나 제사에 관계가 있음을 나타낸다. 神(신)은 천체의 여러 가지 변화를 부리는 신, 아주 옛날 사람은 천체의 변화를 큰 신비한 힘을 가진 신의 행위라 생각하고 그것을 번갯불로 대표시켜 神(신)자로 삼았다. 하늘에서 번개가 내리치는 모습을 그린 申자는 '하늘의 신' 이라는 뜻으로 쓰였었다. 그러나 후에 申자가 '펴다' 라는 뜻으로 가차되면서 여기에 示자를 더한 神자가 '신' 이나 '신령' 이라는 뜻을 갖게 되었다.

生자는 풀이나 나무가 싹트는 모양→생기다→태어나다→만듦이다. 갑골문을 보면 땅 위로 새싹이 돋아나는 이미지 그래서 본래 '나서 자라다' 나 '돋다' 라는 뜻으로 쓰였었다. 새싹이 돋아나는 것은 새로운 생명이 탄생했음을 의미한다. 그래서 후에 '태어나다' 나 '살다', '나다' 와 같은 뜻을 갖게 되었다. 다른 글자와 결합할 때는 본래의 의미인 '나다' 를 전달하는 경우가 많다. 예를 들면 姓(성 성)자는 태어남은(生)은 여자(女)에 의해 결정된다는 뜻이다. 학식이 높은 사람을 지칭하기도 한다.

死자는 죽을사변(歹(=歺)뼈, 죽음)部는 뼈가 산산이 흩어지는 일을 나타낸다. 즉 사람이 죽어 영혼과 육체의 생명력이 흩어져 목숨이 다하여 앙상한 뼈만 남은 상태로 변하니(匕)「죽음」을 뜻한다. 死(사)의 오른쪽을 본디는 人(인)이라 썼는데 나중에 匕(비)라 쓴 것은 化(화)변하다→뼈로 변화하다란 기분을 나타내기 위하여서이다. 匕자는 손을 모으고 있는 사람을 그린 것이다. 그런데 갑골문에 나온 死자를 보면 人(사람 인)자와 歹자가이미지다. 이것은 시신 앞에서 애도하고 있는 사람을 그린 것이다. 누군가의 죽음을 애도하고 있는 모습에서 '죽음'을 표현한 글자이다.

論자는 서술하다, 문제시하다, 토론하다, 평가하여 결정하다 등의 뜻이 있다. 뜻을 나타내는 말씀언(言 말씀)部와 음을 나타내는 侖(륜)으로 이루어진다. 冊(책)은 나무나 대나무의 패를 이은 옛날 책, 집(亼)은 모으는 일이다. 侖(륜 · 론)은 책을 모아 읽고 생각하여 정리하는 일, 여러 사람과 의견을 교환하며 정리하여 말한다는 뜻이 합하여 「논의하다」를 뜻한다. 즉 상대방과 조리를 세워서 의논하는 일이다. 侖자는 죽간을 둥글게 말아놓은 모습을 그린 것으로 '둥글다' 라는 뜻을 갖고 있다. 이렇게 '둥글다' 라는 뜻을 가진 侖자에 言자를 결합한 論자는 말을 서로 주고받는다는 의미에서 '논하다' 를 뜻하게 되었다. 어떠한 사안에 대해 서로의 의견을 주고받는 과정을 뜻하는 것이다.

조선 중종 때 화담 서경덕은 송도에서 태어나 18세에 '대학' 을 배우다가 격물치지, 사물의 이치를 연구하여 지식을 확실히 함에 크게 감동하여 그 원리에 의지해 학문, 철학을 연구했다. 과거에는 뜻이 없었으나 어머니의 명령으로 사마시에 급제하여 김안국 등의 추천으로 후릉참봉을 제수 받았으나 응하지 않으며 벼슬을 단념하고 도학에 전념했다.

집이 극히 가난하여 며칠을 굶어도 태연자약했고 제자들의 학문이 나아간 것을 보면 매우 기뻐했다. 산림에 은퇴하여 세상에 대한 뜻이 없는 듯했지만, 정치의 잘못을 들을 때에는 개탄을 금치 못했다고 한다. 송도의 화담 서재에서 자연을 벗 삼아 진리탐구에 헌신하여 당시 사림파의 종장이다. 문집에 '화담집' 이 있고, 그 속에 '원리론, 이기론, 태허설, 귀신생사론' 등의 글이 있다.

또 다른 각자도생

세상에는 지금 약육강식이나 적자생존의 인생여정에 스스로 살 길을 찾는 '각자도생(各自圖生)' 이라는 단어가 많이 회자되고 있지만 나는 각자도생을 전혀 다른 의미, 동음이어로서 '각자도생(覺者道生)' 이라는 사자성어를 새롭게 깨달음을 나누었음 한다.

깨닫기 위한 수행을 마치고 우주와 인생의 진리를 깨달아 모든 의혹과 번뇌를 버리고 마음의 안정을 찾아서 남에게도 전하여 깨닫게 하는 사람이 되어 그 한 길을 열어 나아가는 사람이다.

覺자는 覺(각)의 본 자이다. 뜻을 나타내는 볼견(見보다)部와 음을 나타내는 글자 學(학)의 생략형인 𦥯(학→각)이 합하여 이루어진다. 學(학 배우다)과 見(견 나타나다→명확해지다)의 합자로 배운 것이 확실해지다→깨닫다→ '눈이 뜨이다' 의 뜻으로 쓰이다. 學자는 아이가 집에서 배움을 얻는 모습을 표현한 것으로 '배우다' 라는 뜻을 갖고 있다. 이렇게 '배우다' 라는 뜻을 가진 學자에 見자가 결합한 覺자는 '보고(見) 배운 것(學)' 이라는 뜻이다. 覺자는 자신이 미처 알지 못했던 것을 직접 보고 나서야 알게 됐다는 의미에서 '깨우치다' 나 '터득하다' 라는 뜻을 갖게 된 글자이다.

者자는 어느 방면의 일이나 지식에 능통해 무엇을 전문적으로 하거나 또는 무엇을 하는 사람임을 뜻한다. 사람을 가리켜 말할 때, 좀 얕잡아 이르는 말로 '놈' 이란 뜻을 나타내는 말이다. 원래의 자형은 耂(로)와 白(백)의 합자이다. 나이 드신 어른이 아랫사람에게 낮추어 말한다는 뜻을 합하여 말하는 대상을 가리켜 「사람」, 「놈」을 뜻한다. 耂자가 부수로 지정되어 있지만, 노인과는 아무 관계가 없다. 갑골문을 보면 이파리가 뻗은 나무줄기 아래로 口(입 구)자가 이미지다. 이것은 사탕수수에서 떨어지는 달콤한 즙을 받아먹고 있는 모습을 그린 것으로 '사탕수수' 를 뜻했었다. 후에 '놈' 과 같은 추상적인 대상을 지칭하는 뜻으로 가차되면서 본래의 의미는 더는 쓰이지 않고 있다.

道자는 마땅히 지켜야 할 도리, 종교상으로 교의에 깊이 통하여 알게 되는 이치, 또는 깊이 깨달은 지경, 기예나 무술 등에서의 방법이다. 책받침(⻌(=辵)쉬엄쉬엄 가다)部와 首가 합해 이루어진다. 首(수)는 사람 머리와 같이 사물의 끝에 있는 것→처음→근거란 뜻을 나타낸다. 道는 한 줄로 통하는 큰 길이다. 사람을 목적지에 인도하는 것도 길이지만 또 도덕적인 근거도 길이다 . 首자는 '머리' 라는 뜻이 있다. 길을 뜻하는 ⻌자에 首자를 결합한 것으로 본래의 의미는 '인도하다' 나 '이끌다' 였으나 후에 '사람이 가야 할 올바른 바른길' 이라는 의미가 확대되어 '도리' 나 '이치' 를 뜻한다. 그래서 지금은 여기에 寸(마디 촌)자를 더한 導(이끌 도)자가 '인도하다' 라는 뜻을 대신하고 있다.

生자는 나다, 낳다, 살다, 기르다, 서투르다, 싱싱하다, 만들다, 백성, 사람, 날 것, 익지 않음 등의 뜻이 있다. 학식은 있으나 벼슬하지 않은 사람을 이르던 말, 삶, 생명, 어른에게 대하여 자기를 낮추어 이르는 말로 흔히 편지에 쓴다. 풀이나 나무가 싹트는 모양→생기다→태어나다→만듦이다. 갑골문을 보면 땅 위로 새싹이 돋아나는 이미지다. 그래서 본래 '나서 자라다' 나 '돋다' 라는 뜻으로 쓰였었다. 새싹이 돋아나는 것은 새로운 생명이 탄생했음을 의미한다. 그래서 후에 '태어나다' 나 '살다', '나다' 와 같은 뜻을 갖게 되었다. 生자가 다른 글자와 결합할 때는 본래의 의미인 '나다' 를 전달하는 경우가 많다. 예를 들면 姓(성 성)자는 태어남(生)은 여자(女)에 의해 결정된다는 뜻이다.

一자는 하나, 일, 첫째, 첫 번째, 오로지, 온, 전, 모든, 하나의, 한결같은, 다른, 또 하나의, 잠시, 한번, 좀, 약간, 만일, 혹시, 어느, 같다, 동일하다 등의 뜻이 있다. 한 손가락을 옆으로 펴거나 나무젓가락 하나를 옆으로 뉘어 놓은 모양을 나타내어 「하나」를 뜻한다. 一(일) · 二(이) · 三(삼)을 弌(일) · 二(이) · 弎(삼)으로도 썼으나 주살익(弋줄 달린 화살)部는 안표인 막대기이며 한 자루, 두 자루라 세는 것이었다. '하나' 나 '첫째', '오로지' 라는 뜻을 가진 글자이다. 一자는 막대기를 옆으로 눕혀놓은 모습을 그린 것이다. 고대에는 막대기 하나를 눕혀 숫자 '하나' 라 했고 두 개는 '둘' 이라는 식으로 표기를 했다. 이렇게 수를 세는 것을 '산가지(算木)' 라 한다. 그래서 一자는 숫자 '하나' 를 뜻하지만 하나만 있는 것은 유일한 것을 연상시키기 때문에 '오로지' 나 '모든' 이라는 뜻도 갖게 되었다. 그러나 一자가 부수로 지정된 글자들은 숫자와는 관계없이 모양자만을 빌려 쓰는 경우가 많다.

이사야 43장은 "너희는 이전 일을 기억하지 말며 옛날 일을 생각하지 말라. 보라 내가 새 일을 행하리니 이제 나타낼 것이라. 너희가 그것을 알지 못하겠느냐. 반드시 내가 광야에 길을 사막에 강을 내리니 장차 들짐승 곧 승냥이와 타조도 나를 존경할 것은 내가 광야에 물을, 사막에 강들을 내어 내 백성, 내가 택한 자에게 마시게 할 것임이라. 이 백성은 내가 나를 위하여 지었나니 나를 찬송하게 하려 함이니라." 고 기록하고 있다.

바벨로니아 포로로 잡혀가 있는 절체절명의 이스라엘백성들에게 이사야를 통하여 주는 희망의 메시지는 현대를 살아가는 젊은 청년들에게도 큰 소망을 가져다주는 말씀이라 믿게 된다.

주님이 가르쳐 준 기도

> 예수께서 한 곳에서 기도하시고 마치시매, 제자 중 하나가 여쭙길, 주여! 요한이 자기 제자들에게 기도를 가르친 것과 같이 우리에게도 가르쳐 주옵소서. 예수께서 이르시길, "너희는 기도할 때에, 이렇게 하라. 아버지여! 이름이 거룩히 여김을 받으시오며, 나라가 임하시오며, 우리에게 날마다 일용할 양식을 주시옵고, 우리가 우리에게 죄 지은 모든 사람을 용서하오니, 우리 죄도 사하여 주시옵고, 우리를 시험에 들게 하지 마시옵소서하라." (마 6a)

> "내가 또 너희에게 이르노니 구하라. 그러면 너희에게 주실 것이요. 찾으라. 그러면 찾아낼 것이요. 문을 두드리라. 그러면 너희에게 열릴 것이니, 구하는 이마다 받을 것이요. 찾는 이는 찾아낼 것이요. 두드리는 이에게는 열릴 것이니라." (마 7a)

예수께서는 틈만 나면 자주 기도하셨는데 중요하게 기록된 사건만 세례 받으실 때, 제자들을 선택하실 때, 사역을 하시면서 자주 혼자 기도하셨고, 제자들과 몇이 함께 하시기도 했다. 이런 예수님의 기도에 제자들이 그 기도를 가르쳐 달라고 요청해왔다.

예수께서 제자들의 요청에 따라 그들에게 가르쳐 주신 기도로서 기도 중 최고의 기도이다. 주기도문은 간결한 문체로 이뤄져 있으나 그 속에는 우리가 누구에게 기도해야 하는지 기도의 대상과, 무엇을 기도해야 할런지에 대한 기도의 내용, 그리고 기도의 올바른 순서 등이 적절하게 구성되어 있다.

아버지 '파테르' 는 '아버지 선구자, 창시자' 등에 사용한다. 아이들이 사용하는 pa(파)와 결합되어 있다. 이 단어를 복수로 사용하면 '조상' 이 된다. 이 말은 인도와 유럽어 세계와 그레꼬-로만의 고대세계에 널리 사용된 말이다. 아버지라는 말에는 가장에게 부여된 권한만큼 권위적인 말로 사용되기도 한다. 로마의 법률은 가장에게 모든 권위를 부여하고 있기 때문에 아버지가 가정에서는 제사장이며 죽을 때까지 모든 자녀들과 종들에게 그 권한이 미치고 있다. 구약에서 히브리어로는 ba;'(아브)인데 파생어가 아닌 어근단어로 동의어나 다른 말을 찾을 수 없는 유일한 언어이다. 즉 모든 말이 이 단어로부터 시작한다고 보아도 된다. 사람이 태어나서 처음 배우게 되는 말도 이 말이다. 집안의 넓은 의미로 '조상들의 하나님' 로 사용된 적이 있고, 조상들에 대한 애정과 긍지로 아브라함과 다윗의 역할이나 '조상들' 이라는 용법이 나온다.

예수께서는 제자들에게 '우리의 아버지' , '나의 아버지' 께 기도하라고 가르치신다. 만물의 아버지 하나님으로 만물의 창조주로 말씀하신다. 아버지의 권위와 돌보심의 하나님으로, 하나님은 징계와 선물을 말씀하신다. 누가복음 15:11 이하의 그리스도론적 사랑의 메시지로 나타나기도 한다. 아버지와 심판관으로 아들은 아버지의 이름으로 재판한다. 요한은 하나님을 표현할 때 '파테르' 를 약 115회 사용했으며 독립적인 용법이 압도적으로 많이 나타난다. 요한은 아들과 아버지의 관계를 낳는다는 개념과 연결하지 않으며 모든 것을 주관하시는 권위가 있는 분으로, 더 우월하신 분으로), 아들은 아버지와 사랑의 관계로 찬양한다. 또한 요한은 아들은 아버지의 계시를 주는 분으로 기록한다. 아들은 아버지의 위임을 받아서 행동한다. '아버지' 라는 말 자체가 계시된 단어이다. 예수께서 말씀하시는 것 자체가 아버지에 대한 증거이다.

예수님께서는 이러한 아버지께 기도했다. '아바' 라는 호칭으로 갈라디아서 4:6, 로마서 8:15, 베드로전서 1:17에 주기도문에서의 똑같은 용법으로 아들이 되었다는 확신과 상속자임을 내포하고 있다.

첫 번째 기도는 이름이 거룩히 여김을 받으시오며 '하기아스테토' 는 '깨끗하게 구별하다, 성별' 로 거룩하게 여기 다는 뜻이다. 첫 번째 간구는 하나님의 이름이 높임을 받기 위한 것이다. 두 번째 기도는 나라가 임하옵시며 하나님의 나라의 도래를 위해서 기도하는 것이다. 이것은 곧 복음전파를 말한다.

세 번째 일용할 양식에 관한 것이다. 세상의 목숨을 가진 모든 생명체에게 있어서 제일 기본적인 것이며 이 땅의 삶에 제일 필요한 것이다.

네 번째 모든 사람을 용서하오니 우리의 죄를 용서해 주실 것에 대한 간구이다. '다른 사람의 죄를 용서해 주었으니' 라는 표현이 우리의 용서와 구원에 있어서 하나님께 조건적인 것이 될 수는 없다. 다만 그의 사랑으로 우리도 '다른 사람의 죄를 용서했으니' 라는 간구로 하나님께

청하는 것이다.

다섯 번째 우리를 시험에 들게 하지 마옵소서. 시험 '페이라스몬' 은 '유혹' 을 말하기도 한다. 시험은 사실 유혹이다. 예수께서 공생애 시작 전에 시험을 받으신 것도 모두 유혹이었다. 아담과 하와가 받은 것도 유혹이었다. '유혹에 빠지지 않도록' 기도하라는 것이다.

기독교세계관에 대하여

모세를 지도자로 한 출애굽은 바로왕의 억압을 피하여 해방 즉 유월로 자유를 찾아 떠난 사건이다. 여호와 하나님의 섭리 하에 바로왕의 위협에도 불구하고 기적같이 홍해를 건너 광야에서 40년간을 머물었던 것이다. 여호와 하나님은 모세를 통하여 시내 산에서 십계명을 주시고 훈련을 시키셨던 것이다.

정의와 자유를 위하여 고난도 감수하여야 하였던 이스라엘 백성은 가나안 복지로 들어가게 된다. 혈기로 인하여 모세는 들어갈 수 없었고 여호수아와 갈렙은 이스라엘 백성을 인도하여 가나안에 들어간 성경기록이다. 구속을 피하여 자유를 찾는 정의의 길은 험난한 세월을 동반하는 것이다. 의를 부르짖는 교회, 광야교회, 개척교회가 그렇다.

초대 왕인 사울을 이기고 이스라엘 왕국을 계승하였던 다윗은 여러가지 하나님이 원하지 않는 사건에도 불구하고 시와 신령한 노래로 찬양하며 감사의 축제를 수행을 하였다. 구약에서의 이스라엘이 최고로 번영을 하던 시대이다. 주변 지역의 여러 국가로부터 조공을 받을 만큼 부귀와 영화를 누리었으나 솔로몬 시대부터는 우상숭배와 왕국의 분열을 겪는다. 감사와 축제가 많았던 이스라엘은 부활과 같은 영광이 있었지만 쇠퇴의 길을 걸었다.

이 세상에서의 성공적인 영화는 잠깐 뿐이다. 대형화 된 종교행사도 쇠퇴의 길을 걷는 것이 교회사가 주는 역사적인 교훈이다. 창조주 하나님은 성전 안에 가두어 둘 수 있는 분이 아니기에 더욱 더 그렇다.

요한계시록을 통하여 예언자적인 주장을 함으로 예수 재림에 초점을 맞추는 그룹은 거짓 선지자의 타락을 염려하게 된다. 현재의 인간의 삶을 미래에 대한 종말론으로 심판을 강조하여 신도를 모으는데 성공을 하면 타락의 길로 빠져드는 것이 현상적으로 나타난다.

대개 물질적인 재력을 모으는 다단계 형태의 종교주식회사 같고 심지어는 사기성 펀드조직과 같아 피해자가 엄청 늘어나는 점을 쉽게 알아차릴 수 있다. 나중에는 탈출하지 못한 세력은 집단자살극으로 비참한 최후를 맞게 되는 기사가 많이 등장한다. 예언자적 교회가 변질된 상태가 된다. 그들은 정통교회를 부정하는 신천지, 통일교 등 이단세력으로 전락하는 경우가 허다하다.

> 우리가 믿음으로 말미암아 율법을 파기하느냐? 그럴 수 없느니라. 도리어 율법을 굳게 세우느니라. 내가 율법이나 선지자를 폐하러 온 줄로 생각하지 말라. 폐하러 온 것이 아니요. 완전하게 하려 함이라. 진실로 너희에게 이르노니 천지가 없어지기 전에는 율법의 일점일획도 결코 없어지지 아니하고 다 이루리라. 그러므로 누구든지 이 계명 중의 지극히 작은 것 하나라도 버리고 또 그같이 사람을 가르치는 자는 천국에서 지극히 작다 일컬음을 받을 것이요. 누구든지 이를 행하며 가르치는 자는 천국에서 크다 일컬음을 받으리라. 너희가 나를 사랑하면 나의 계명을 지키리라. 사랑은 이웃에게 악을 행하지 아니하

나니 사랑은 율법의 완성이니라.(마 5:17-20, 롬 13:10)

하나님의 백성은 진리 안에서 자유가 넘쳐야 한다. 비록 광야의 고난이 와도 정의로운 길 그 길은 자유가 있는 상태이다. 비록 이 세상에서 인간관계의 부조화가 있고 싸울지라도 하나님의 성전에서 예수 그리스도 십자가의 죽음으로 보혈에 의한 구원의 역사를 믿음의 역사와 사랑의 수고 그리고 소망의 인내를 통하여 살아가며 시와 신령한 노래들로 찬양을 드리며 감사함은 부활의 기쁨이고 축제이다.

요한계시록의 종말론적인 신앙으로 예수 그리스도의 재림을 기다리며 성도 간에 교제가 있고 말씀을 준행하며 그리스도의 온전함에 이르기까지 장성하며 하나님의 공동체인 교회가 하나님의 세계 새 하늘과 새 땅 즉 하나님나라를 완성하게 된다.

기독교세계관

창조는 무에서 유를 만들어 낸다. 창작물에는 파괴, 소멸, 파멸과 반대되며 대립하는 능력이다. 원자나 분자를 조작해 물체를 만들어내는 것이나 아예 없던 존재 자체를 만들어 내거나 세계를 만드는 능력이다.

타락은 창작물에서는 옳은 길을 벗어나 나쁜 길을 걷기 시작한다. 독재자가 되어버린 혁명가, 부정부패에 빠져든 성직자, 대부분의 배신자 등이다. 아예 근본마저 사악해져 완전히 성격 자체가 변하는 것이다.

구원은 '죄에서 자유롭게 되는 것' 이며 대적으로부터 해방, 보호, 죄로부터의 구속, 영생, 그리고 성화의 과정이다. 또 구원에는 치유, 건강, 염려로부터의 해방 그리고 평안이라는 의미도 포함되어 있는 것이다.

천국은 말 그대로 하늘에 있는 나라다. 국가단위가 아닌 세계 단위라면 천계라고 표현되기도 한다. 엄밀히 말하자면 현실에서의 표현보다는 동화 혹은 종교에서 자주 쓰는 표현에 가까우며 다양한 의미가 있다.

기독교 세계관이란 기독교적 관점에서 세계를 인식하는 체계로 성경적 신학적 개념이나 신념에 근거한 인식론을 이론화 하는 것이다. 기독교 세계관은 기독교 문화의 형성을 인도한다. 개혁주의 신학에서 복음주의 대신에 많이 사용하는 신학적 세계관, 성경적 세계관인 것이다.

만년, 노랑무궁화

지은이 / 함창석
펴낸곳 / 열린출판사
1판1쇄 펴낸 날 / 2021년 3월 1일
등록번호 / 제2-1802호
등록일자 / 1994년 8월 3일
주소 / 경기 시흥시 하중로 203
전화 / (02)2275-3892 팩스(031)318-3384
전자우편 / poemreview@empas.com

ISBN 978-89-87548-81-4 03800
값 13,000원